ADIÓS
ETERNO

ADIÓS ETERNO

JAVIER LEÓN HERRERA · JUAN MANUEL NAVARRO

LOS ÚLTIMOS DÍAS DEL DIVO

AGUILAR

Adiós eterno
Los últimos días del divo

Primera edición: diciembre, 2017

D. R. © 2017, Javier León Herrera / Juan Manuel Navarro

D. R. © 2017, derechos de edición mundiales en lengua castellana:
Penguin Random House Grupo Editorial, S.A. de C.V.
Blvd. Miguel de Cervantes Saavedra núm. 301, 1er piso,
colonia Granada, delegación Miguel Hidalgo, C.P. 11520,
Ciudad de México

www.megustaleer.com.mx

D. R. © Penguin Random House, por el diseño de cubierta
D. R. © Getty Images, por la fotografía de portada
D. R. © LatinNewsXXI, por la fotografía de los autores
D. R. © fotografías de interiores, cortesía de los autores
D. R. © Mariana Alfaro, por el diseño de interiores

ISBN: 978-607-316-186-2

Impreso en México – *Printed in Mexico*

El papel utilizado para la impresión de este libro ha sido fabricado a partir de madera procedente
de bosques y plantaciones gestionadas con los más altos estándares ambientales, garantizando
una explotación de los recursos sostenible con el medio ambiente y beneficiosa para las personas.

Penguin
Random House
Grupo Editorial

A todo lo eterno, mi Dios, mi familia,
mis amigos, mis mascotas.
JAVIER

A Dios, mi esposa, mis hijas Shiara y Shantal,
mis padres y hermanas.

JUAN MANUEL

Agradecimientos

Gracias eternas a mi Niño Jesús, la Virgencita de Guadalupe, al apoyo de toda mi familia y a México, tan querido, con tanta gente bonita que cruza en mi vida, incluida gente solidaria, quienes sufren los azotes de la naturaleza o la codicia humana. A Juan Manuel por aunar en una persona un gran colega y un gran amigo, y a gente llena de amor en mi Colombia adoptiva, a mis queridos doctores Sergio y Alexandra Rada, a Alberto, Dianita y Angie. (JAVIER)

A Dios, por darnos salud, lucidez y talento para afrontar esta obra.

A la gente de PRH México, con David a la cabeza, por su apoyo y confianza.

A Gabo, por confiar en nuestra sensibilidad, responsabilidad y objetividad como profesionales, para contar el lado más humano de Alberto Aguilera y su profundo deseo de hacer las paces con Juan Gabriel, su álter ego, para recordarlo siempre por sus canciones: sonrisas, emociones, amor y alegría.

A la colaboración mostrada por el Department of Medical Examiner Coroner del condado de Los Ángeles, al productor Gustavo Farías, al piloto Daniel

Lewkowicz y a los colegas, fans y fuentes que prefieren mantener su anonimato desde Los Ángeles, Miami, Las Vegas, México, Venezuela, Colombia y España.

A Pedro y Tony, del One Life Natural Foods, y al personal del Thai Vegan, ambos en Santa Mónica.

A nuestra colega Idalia, gran periodista regiomontana, gran amiga del Divo de Juárez, por su colaboración desinteresada.

A los fieles amigos de Las Vegas como Pablo, Gigi, Paco, Ada y doña Carmen.

Personalmente, al apoyo de mi familia, Rachel, Juan Manuel, Paty, Claudia y Edgar; Don Andrés, Nora, Cecilia y Andrés; mis hijas Shiara y Shantal, mi luz y energía; a la Virgen de Guadalupe; a mi colega y amigo Javier y su hermosa familia en España; A Luis Mario Santoscoy, Mara Patricia Castañeda, por 20 años siendo excelentes jefes y grandes amigos; a Televisa Espectáculos, a quienes han contribuido en mi crecimiento como periodista (Televisa, Univisión, *El Universal*, *El Norte*, Grosby Group) y mis colegas periodistas. A mis amigos de Kingsville, Monterrey y Los Ángeles; mi familia en Ciudad Valles y familia política en Villa de Santiago. (JUAN MANUEL).

Índice

Introducción

el adiós del ícono más grande

Suele suceder. Al terminar este libro decidimos que lo primero que tenías que leer fue lo último que se escribió en este *Adiós eterno* al divo inolvidable que será siempre Juan Gabriel. Estas primeras líneas fueron las penúltimas escritas, desde la más sentida emoción, y surgieron casualmente el domingo 27 de agosto de 2017, el mismo domingo que un año antes, y justo a estas mismas horas, expiraba Alberto Aguilera Valadez. Fue el momento de improvisar una oración por su alma, encender una vela y anteponer, como preámbulo, nuestro más profundo respeto y admiración, que adjuntamos a la más rigurosa profesionalidad, a la hora de abordar esta obra cuyo protagonista fue para muchos, sin duda alguna, el más grande y prolífico talento y genio compositor de la música latina de todos los tiempos.

La Tierra dio una vuelta entera alrededor del sol. Desafortunadamente, en ese tiempo, se ha explorado más en los pleitos relacionados con su herencia que en el tremendo legado musical que nos dejó, algo que no lo debe tener precisamente contento en el otro mundo. Pero el planeta seguirá en su traslación y estamos convencidos de que llegará el día en que acabará prevaleciendo, como era su deseo, el fulgor musical de la inmensa estrella que fue; uno de los iconos más grandes de la música popular mexicana. Este libro profundiza, por un lado, en el ser humano que había detrás del mito, en sus últimas horas de vida, en los esfuerzos de Alberto por sobreponer sus luces para borrar las sombras de su mundialmente famoso álter ego con un arrepentimiento sincero; por otro, en la crónica de los acontecimientos vividos en los últimos días, para aclararlos, cambiar especulaciones por hechos contrastados con fuentes exclusivas y paliar el enorme malestar que el discutible manejo del post mortem y el hermetismo provocaron entre sus millones de seguidores, entonces privados de información y de un último adiós de cuerpo presente, una despedida que además debía simbolizar el vínculo eterno con su ídolo, un adiós que quería y pretendía ser tan inmortal como su legado. Descubrirán una hermosa frase que Alberto Aguilera pronunció al respecto pocos días antes de morir. Esperamos que al final puedan reflexionar sobre una clara moraleja derivada de su actitud: es posible que muchas personas se equivoquen con sus decisiones, pero no hay mayor error en la vida que la ausencia del perdón.

Para comenzar esta investigación formulamos una serie de interrogantes respecto a los hechos, sin prejuzgar de ninguna manera a nadie por lo sucedido. No recabamos prueba alguna de mala intención de nadie y sí, por el contrario, muchos testimonios que apuntan al propio cantautor como director solitario de su destino. Las inquietudes planteadas las trasladamos a todas las fuentes y el sentido común apunta a que una persona de su edad, con un estado de salud muy delicado y un cuadro médico lleno de serias y graves advertencias, no es la más idónea para arrancar una gira de 22 conciertos en Estados Unidos, máxime teniendo en cuenta que cada concierto de Juan Gabriel era un maratón de más de tres horas. ¿Por qué lo hizo? Todo apuntaba a que era una decisión arriesgada y nada debe estar por encima de la salud. En ese caso, ¿qué le llevó a tomar esa peligrosa decisión?

En abril de 2014, Juan Gabriel ya había sufrido un grave percance de salud que casi acaba con su vida en Las Vegas, donde tuvo que permanecer hospitalizado varias semanas, en coma inducido. Un aviso lo suficientemente serio como para haberse dado un largo y terapéutico descanso. Sin embargo, esta pausa en su carrera duró muy poco, apenas lo necesario para retomar fuerzas, incluso optimizar la voz. Después de pasar por tal tregua, volvió a apretar el acelerador. No se demoró en retomar la gira que tuvo que interrumpir por tan delicado accidente de salud. Completó 20 conciertos. Programó para el segundo semestre de 2016 otros 22, pero entonces su salud ya no lo resistió.

La última y alarmante advertencia fue tan solo ¡tres días antes de morir! Aun así no desistió. Como leerán, tuvo otro serio aviso cuando regresaba a su casa de Santa Mónica de un corto paseo, que se hizo muy largo debido a su condición física tan deteriorada y problemas respiratorios y cardiovasculares severos. Juan Gabriel casi se desvanece en la famosa playa de Muscle Beach, a menos de 200 metros de su casa, en la que cayó exhausto sobre una banca sin asistencia médica alguna. Evidentemente conocía su delicada situación, aunque prefirió ignorar aquel incidente. ¿Por qué decidió seguir y no buscó asistencia médica? No es difícil adivinar que cualquier doctor hubiera desaconsejado, cuando no prohibido rotundamente por prescripción médica, el concierto del día siguiente, el viernes 26 de agosto. Le habían programado una cita médica al llegar a Texas para el show del día 28, aunque no sabemos si tenía pensado cumplirla. En cualquier caso, era demasiado tarde.

Podía esgrimir esta fuerza mayor para cancelar la gira y cuidarse. Ante las pruebas tan palpables sobre su estado de salud, nadie hubiera podido tener otra reacción que la comprensión más absoluta. Resulta inviable elucubrar con el hecho de que pudieran presionarlo para no descansar a sabiendas de que había un alto porcentaje de que sucediera lo que finalmente ocurrió. Nos consta, y así lo van a leer, que se quejó antes de iniciar esta última gira, se sentía cansado, pero entonces, ¿por qué no paró? Él tenía siempre la última palabra, por mucho que Iván Aguilera, en este caso en su papel de representante y no de hijo, planeara más trabajo, Juan Gabriel siempre podría decir basta. Dado su inmenso patrimonio no creemos que necesitara seguir por cuestiones meramente pecuniarias. ¿Entonces, por qué? "Solo desafía a la muerte quien no le teme al hecho —según él mismo decía— de dejar de respirar."

No nos podemos olvidar, en busca de respuestas, del propio temperamento del cantautor, doble personalidad en este caso, como podrá el lector descubrir a lo largo del libro y principalmente en las íntimas pláticas que sostuvo en la víspera de su muerte con una persona muy allegada a la que abrió su alma de par en par. De estas pláticas y de las consultas hechas a otras personas que llegaron a ser grandes e íntimos amigos suyos, podría deducirse que Juan Gabriel era consciente del riesgo de muerte súbita que corría pero que, voluntaria o involuntariamente, no quiso hacer nada para remediarlo, como si le aterrara la idea de una vejez decadente y sombría de Alberto Aguilera, en la que el personaje de Juan Gabriel hubiera dejado de ejercer como tal. Él pretendía todo lo contrario, que fuera Alberto el que sucumbiera para dejar en la inmortalidad al personaje popular, al coloso inmarcesible subido en un escenario para morir con las botas puestas. Y así fue como sucedió.

La muerte de Juan Gabriel, el 28 de agosto de 2016, dos días después del tercer espectáculo en California de su nueva gira *MéXXIco es todo*, conmocionó el mundo del espectáculo latino y dejó un enorme vacío entre los millones de fans del cantante y compositor, cuyo verdadero nombre respondía a las iniciales de AAV, Alberto Aguilera Valadez, mundialmente conocido como El Divo de Juárez, apodo que sin demasiada difusión algunos quisieron rebautizar como El Divo de México o El Divo de América, que dejaba de ese modo para la inmortalidad casi medio siglo, concretamente 45 años, de una carrera inigualable.

Fue un desenlace no esperado por la mayoría de los millones de seguidores y admiradores que recibían incrédulos la noticia, adelantada por Televisa Espectáculos en exclusiva mundial y que rápidamente corrió como pólvora encendida por los diferentes medios internacionales y por la inmediatez de las redes sociales. La reacción del universo latino entero, entre el shock, el dolor, la perplejidad y el llanto, fue proporcional a la enorme dimensión del artista.

La muerte lo sorprendió mientras desarrollaba la serie televisiva autobiográfica de 13 episodios *Hasta que te conocí* y en pleno apogeo de cifras que son convenientemente destacadas por la oficina de prensa que promueve la gira *MéXXIco es todo 2016*, quien apuntaba que su álbum *Los Dúo* había sido el más vendido en 2015 dentro del ámbito latino, y que la gira de aquel entonces había sido la más taquillera superando a sus competidores, sin rango de edad, en una proporción de 2 a 1. En un periodo de 10 meses, entre 2015 y 2016, tuvo tres álbumes número 1 en la lista Top Latin Albums y llegó a tener de manera simultánea tres álbumes en el Top 10, logro que sólo poseen 6 artistas más aparte de él.

El más grande

Antes de avanzar, debemos entender que Juan Gabriel no era uno más. Por el contrario, estamos ante el más grande. Un talento único y difícil de repetir, con una capacidad musical para componer y cantar fuera de lo común, un genio. Una ocasión, en su casa de Las Vegas, fue capaz de improvisar y componer la letra de una canción recitándola con tan sólo seguir el compás de la música que previamente había escrito para deleite de los presentes. Muchas grabaciones las hacía de un solo tirón, hasta usaba una técnica particular al acabar, no quería que le bajaran el volumen, sino que él mismo se iba rodeando la boca con la mano mientras se agachaba para que se fuera perdiendo el volumen de la voz frente al micrófono.

Estamos ante el compositor más prolífico que ha conocido México, es el que más canciones registradas tiene en su país y el cantautor que más ingresos por concepto de regalías ha generado a la SACM. Juan Gabriel rebeló en su día que su primera canción fue escrita a los 13 años de edad y se titulaba "La muerte del Palomo".

En 1971 firmó su primer contrato con una disquera, la RCA, luego de haber sido rechazado por otras, entre ellas la CBS, y lanzó el sencillo "No tengo dinero". De acuerdo con la Academia Latina de Artes y Ciencias de la Grabación, el 4 de agosto de ese año es la fecha que oficialmente se maneja como día de nacimiento del artista Juan Gabriel, el mismo mes casualmente para el principio y para el fin. En vida era el único compositor que había recibido todos los reconocimientos que se pueden otorgar a alguien dedicado a la música en Latinoamérica.

En su otra faceta, la que lo hizo tremendamente popular, la de intérprete, estamos delante del artista con mayor capacidad de convocatoria de público en cuanto escenario se presentaba. En el año 2000 reunió a 350,000 personas en su concierto en el Zócalo de la Ciudad de México, récord que hasta la fecha nadie ha podido lograr. En Estados Unidos, donde precisamente acababa de comenzar la nueva gira *MéXXIco es todo*, no ha habido cantante que pudiera igualar sus "Sold Out". Sus tres horas largas de show, su entrega absoluta e incondicional hasta la extenuación, su folclor inconfundible de lentejuelas, su ritmo, sus alegres contoneos y su interpretación apasionada se vendían en taquilla como pan caliente. Lugares tan emblemáticos en el campo del espectáculo como Las Vegas o Los Ángeles no han visto a un intérprete latino convocar más aforo de lo que él lo hacía.

En 1990 se unió al precedente de Lola Beltrán y su mariachi, y escribió una nueva página histórica dentro de la música contemporánea mexicana al ser el primer cantante popular en presentarse en el Palacio de Bellas Artes, el recinto cultural más selecto, importante y prestigioso del país, inaugurado en 1934, declarado monumento artístico en 1987 por la Unesco, obra del arquitecto italiano Adamo Boari, reservado como su nombre indica para las consideradas bellas artes como la lírica, la música clásica, la danza o las exposiciones de obras de arte; por sus tablas han pasado leyendas de la talla de María Callas, Luciano Pavarotti, Plácido Domingo o Mstislav Rostropóvic entre otros. Aunque no faltaron las voces críticas de los más puristas (recordada es todavía en México una crónica de Carlos Monsivais al respecto), la personalidad de Juan Gabriel arrolló; aquel concierto fue su primer álbum en vivo, un éxito rotundo, con la Orquesta Sinfónica Nacional, que repetiría en 1997 para celebrar sus 25 años de carrera, y posteriormente en 2013.

Fue precisamente ahí, en el vestíbulo del Bellas Artes, donde su hijo Iván Gabriel depositó temporalmente sus cenizas tras su muerte, el domingo 5 de septiembre, en una urna de madera con la imagen de la Virgen de Guadalupe y las iniciales AAV, para que recibiera el tributo de México y uniera su nombre al de otros mitos homenajeados póstumamente en tan emblemático lugar como María Felix, Octavio Paz, Carlos Fuentes y Chavela Vargas.

Repasemos otros datos que nos muestran la verdadera magnitud del fenómeno Juan Gabriel:

⁎ Sus canciones han sido grabadas en diversos idiomas: turco, japonés, alemán, francés, italiano, tagalo (Filipinas), griego, papiamento (Curaçao), portugués e inglés, y han sido cantadas por aproximadamente más de 1,500 artistas de todo el mundo, entre las mayores celebridades que lo hicieron están: Rocío Dúrcal, Isabel Pantoja, Julio Iglesias, Rocío Jurado, Pimpinela, Massiel, Cristian Castro, Chayanne, Plácido Domingo, Chavela Vargas, Marc Anthony y Selena.

⁎ Quien fuera secretario de Cultura de México, Rafael Tovar y de Teresa, declaró que Juan Gabriel "es parte de nuestra idiosincrasia y nuestra identidad".

⁎ Según la Sociedad de Autores y Compositores de México (SACM), cada 40 segundos se escucha en el mundo un tema escrito por Juan Gabriel.

⁎ Acredita 150 millones de álbumes vendidos como intérprete, según datos de la Academia Latina de Artes y Ciencias de la Grabación, a los que debemos sumar 75 millones de discos vendidos como productor. *Recuerdos II* (1984) vendió 16 millones de copias y se hizo la producción más vendida en toda la historia de México.

✳ En 2015, la revista *Billboard* lo situó en el puesto número 18 de artistas con más ganancias gracias a los 31.8 millones de dólares que consiguió en el tour de ese año, sólo en Estados Unidos y Puerto Rico. En Estados Unidos ya había recaudado 11.6 millones de dólares según *Billboard*.

✳ Según Nielsen Music, *Los Dúo* fue el álbum latino con mayores ventas en 2015 en Estados Unidos (131,000 copias físicas), y una semana antes de su muerte, su más reciente álbum *Vestido de Etiqueta: por Eduardo Magallanes*, debutó en el número 1 de discos latinos de *Billboard*, con 100,000 copias, quinta vez que alcanzaba este resultado.

✳ Tiene tres días oficiales en el calendario dedicados a su talento, el 16 de septiembre y el 17 de diciembre, en Las Vegas, y el 7 de octubre en Los Ángeles.

✳ Juan Gabriel entró al Pabellón de la Fama de *Billboard* en 1996 y recibió una estrella en el Paseo de Hollywood, en 2009.

✳ En 2009 la Academia Latina de la Grabación le nombró "Persona del Año" en el Latin Grammy, y según LARAS, ha compuesto unas 1,500 canciones, algunas fuentes suben esta cifra a las 1,800.

Es fácil entender con todo lo anterior que el último domingo de agosto de 2016 millones de personas se vistieran de luto y lloraran la partida del mito. Quienes esperaban boleto en mano para asistir a su show en El Paso, Texas no acababan de creérselo. Las fans que se habían tomado la última foto poco antes del show de Inglewood, menos todavía.

Algunos de sus más allegados evitaban pensar que podía llegar un día en el que se parara el contador de cifras anteriormente expuesto. Aun sabiendo muchos de ellos que el estado físico del cantante no era el más adecuado y que dos años antes estuvo muy delicado de salud, postrado en un hospital de Las Vegas, Nevada, confiesan abiertamente que la noticia los dejó helados. Para ellos no era la crónica de una muerte presagiada. Sí lo fue para la persona con la que Juan Gabriel encontró en sus últimos días de vida una especie de diván para dar un repaso a algunas de sus más íntimas inquietudes, persona a la que confesó algunos de sus desasosiegos. Pláticas profundas que fueron las últimas confesiones del Divo de Juárez.

¿Qué hizo esos últimos días de vida? ¿Dónde comió? ¿A quién vio? ¿De qué hablaba con su gente más cercana? ¿Con quién se confesó como ser humano? ¿Con quién se enojó? ¿Presagiaba Juan Gabriel que el adiós estaba cerca? Como autores, tras proceder a narrar esas y otras respuestas, después de cuanta información hemos recabado y estamos compartiendo, creemos que sí. De otro modo no se entienden sus gestos y su actitud en los días previos a aquella mañana dominical de Santa Mónica que se acabó vistiendo de luto. Ustedes mismos al final de la lectura podrán sacar su propia conclusión. ¿Dedicó los últimos días a hacer un recorrido por lugares que habían sido parte de su vida como queriéndoles dar, tanto a ellos como al mundo, un último adiós?

Posteriormente nos adentraremos en el día de los hechos y en los "días después". La causa de la muerte fue oficialmente declarada como "ataque al corazón". Así consta en los documentos legales de obligado cumplimiento en California, no obstante el día de los hechos testigos manejaron otra posible causa, como veremos al final. La inquietud sobre lo sucedido en aquella casa de Santa Mónica esa mañana y sobre el manejo de los protocolos post mortem, tanto forenses como funerarios, presuntamente, según testigos, no ajustados a la voluntad manifestada por el cantante en vida, nos han llevado a hacer una extensa crónica de lo sucedido, aportando varios datos nuevos para acabar con especulaciones. No buscamos culpables ni víctimas, sólo queremos brindar a sus seguidores un documento que sirva para tener mayor información de lo que pasó y, a manera de homenaje, recordar, mediante *flashbacks*, momentos estelares, anécdotas y curiosidades de la doble personalidad de nuestro protagonista, Juan Gabriel por un lado y Alberto por otro.

Este es un libro que esperamos contribuya al final feliz deseado por el cantautor, actualmente congelado por las disputas familiares de sus descendientes, de construir un mausoleo en su ciudad natal de Parácuaro, Michoacán, donde reposar para la eternidad junto a su madre y otros familiares enterrados allá. Dicha iniciativa está promovida por las autoridades locales y algunas personas allegadas que saben a ciencia cierta que éste era su deseo. En el transcurso de la elaboración de este libro pusimos sobre la mesa otra iniciativa, la de promover un monumento en los Estados Unidos, concretamente en la ciudad de Las Vegas, en estrecha colaboración con algunas personas del medio que serían las encargadas de la organización del mismo en la célebre y "fabulosa" ciudad del estado de Nevada.

El heredero universal, Iván Aguilera, ha hecho gala de un gran hermetismo y ha mostrado poca receptividad hasta la fecha. Nosotros como autores lo contactamos para contar con su testimonio en este libro, pero a pesar de tener una primera respuesta afirmativa, finalmente no fue posible hablar con él. Esperamos reconsidere esta postura y ayude a satisfacer deseos contrastados de su padre y contribuya así a que millones de personas que llevan a Juan Gabriel en el corazón tengan más destinos donde expresar un último gesto de amor, un adiós eterno al mito inmortal.

1

"Alberto se fue, quedó solo Juan gabriel"

Juan Manuel, uno de los autores de este libro, es un confeso hincha del Club América de Ciudad de México. El sábado 27 de agosto había ido a la casa de un amigo para ver el clásico del fútbol mexicano América contra Guadalajara, correspondiente a la séptima jornada de la Liga MX que debía empezar a las 7 de la noche, hora de Los Ángeles, ciudad en la que reside. "Me fue mal, las Águilas sucumbieron estrepitosamente en el Estadio Azteca 0—3 contra las Chivas, con dos goles del "Conejo" Brizuela y un tercero de Peña", recuerda. Cuando despertó en la mañana siguiente lo hizo con la desazón del recuerdo de la goleada pero con el gran consuelo de que era su día libre, no había que trabajar y podía dedicarlo por completo a la familia.

Estaba en esas, completamente relajado, cuando sonó el teléfono. Era casi mediodía, hora de Los Ángeles, California. "La noticia que recibí, unida a la fiabilidad de la fuente, me conmovió completamente, de ningún modo la esperaba, pero enseguida me hizo recordar lo que pasó en Las Vegas en 2014 y supe que la cosa era grave. Estaba descansando en la casa aquel día con ganas de no hacer nada, pero reaccioné rápidamente como un resorte, ante noticias así los periodistas reaccionamos igual que los bomberos o los paramédicos." Acto seguido se activa el instinto periodístico que corre por sus venas echando mano de uno de los contactos más frecuentes de su lista para marcar con urgencia.

El mundo todavía no lo sabe, pero cuando un minuto después establece esa llamada comprueba que su superior inmediata, la periodista mexicana Mara Patricia Castañeda, Coordinadora de Televisa Espectáculos, sí. Casi de modo simultáneo ambos habían recibido sendas comunicaciones de fuentes confiables y ambos se sorprenden al cruzarse la información, cosa que al tiempo sirve de improvisada y fiable confrontación. La muerte de Juan Gabriel es un hecho y Mara hace que Televisa Espectáculos se apunte a través de su persona una de esas exclusivas informativas que dejan huella dorada en el currículum profesional del periodista pero que nunca se quisieran dar si se tamizan por el prisma humano, como así lo puntualiza a través de su cuenta de Twitter, la red social que elige para anunciar al mundo la noticia luctuosa:

Mara P Castañeda
@MaraCastaneda 28 ago. 2016
Con gran tristeza les informo que Juan Gabriel
#ElDivodeJuarez falleció hoy domingo
28 de Agosto a las 11:30 de Sta Mónica, California

Habían pasado exactamente 12 días desde que el Divo de Juárez había aterrizado en San Diego, California. ¿Quién iba a imaginar que no saldría vivo ya de esta tierra que, paradójicamente, le dio tanta vida? ¡Tal vez él sí tenía algún presagio! Hay quien está absolutamente convencido de ello, a pesar de haberle escuchado en una ocasión decir que no le gustaría que la muerte le sorprendiera en los "esclavos unidos" como él mismo rebautizaba a veces a la unión americana, primera potencia mundial del siglo XXI. Ese alguien es una persona que nació en México pero ha vivido en Los Ángeles por más de cuatro décadas y conocía a Juan Gabriel desde hacía más de 18 años. La relación entre ambos en un principio fue fría y estrictamente profesional, pues se conocieron en el ámbito laboral, pero conforme avanzó el tiempo se fue estrechando, el cantautor vio en esta persona un gran apoyo desinteresado, alguien que lo ayudaba a purgar las manchas de su aura y que, especialmente en el último mes, coincidiendo en un viaje privado a los Estados Unidos, previo al inicio de la gira, se había convertido en mucho más que una persona allegada, era confidente del ser humano que existía detrás del personaje de Juan Gabriel, a quien había despertado la curiosidad de ahondar en la tanatología, y con ésta se había acentuado la necesidad de empezar a hacer las paces con el mundo ante la eventualidad de una muerte repentina.

Esta persona, una de las primeras en conocer el fatal desenlace, dentro del llanto y la desolación de los primeros instantes, empezó a rebobinar todas las pláticas y los comportamientos que había escuchado y observado en su viejo amigo en el último mes. Su intuición, desafortunadamente, no era equivocada, pues siempre pensó que aquel extraño comportamiento apuntaba a que por alguna inexplicable razón su amigo presagiaba que el fin estaba cerca. Para la elaboración de este libro tuvimos acceso a estas pláticas, y procuramos entrevistarnos en diferentes tiempos y escenarios para comprobar la coherencia y veracidad de las mismas.

La persona en cuestión, cuya verdadera identidad se mantiene reservada por expreso deseo suyo, poco o ningún consuelo encontró, en el instante que supo del trágico desenlace, al pensar que intentó ayudarle, al estar convencido de que así lo hizo. En medio de aquel terrible desasosiego y aquella tenaz angustia decidió que el mundo debería conocer algunos de los pensamientos del ídolo, del mito, del ser humano, y algunas personas debían conocer que fue su último y sincero deseo reconciliarse con ellas y con su propia alma.

Para esta persona, a la que se le quiebra la voz constantemente en su relato, no cabe duda alguna que la muerte de Juan Gabriel el 28 de agosto de 2016 es la crónica de una muerte íntimamente, consciente o inconscientemente, presentida por su protagonista, quien dedicó tiempo de sus últimos días a sanar las heridas más profundas de su ser y cerrar algunos asuntos pendientes, lo que en términos de la Tanatología se llaman círculos, nudos que se deben desatar para que el alma viva y descanse en paz. Así nos lo manifestó en las sesiones de trabajo y así se lo hizo saber aquel triste día del postrero agosto, en pleno desahogo de un llanto sin consuelo, a otro íntimo amigo común al que telefoneó para darle la noticia luctuosa. En esa llamada repite que el protagonista de esta historia era perfectamente consciente de su deteriorado estado de salud aunque miraba para otro lado cuando se le mencionaba el asunto. No era ajeno a que el ritmo físico que exige una gira de las características de *MéXXIco es todo* era una espada de Damocles que se cernía permanentemente sobre su destino.

Aquella temeraria actitud del propio Juan Gabriel, quien sostenía a Alberto Aguilera Valadez, nos demuestra que nada era sin el calor de su público, sin sentirse querido y aplaudido. El conflicto permanente que hubo a lo largo de su carrera con sus dos personalidades acabaría incluso costándole la vida a una edad relativamente temprana desde el punto de vista de la expectativa de Occidente o desde el anhelo de cualquier fan, pero tal vez no tan temprana si se ve desde el prisma de quien no tuvo niñez y empezó por fuerza de la vida a madurar y vivir intensamente desde la misma pubertad. Él mismo decía que había sido un viejo de niño.

En un fugaz flashback en busca de todas las frases que nuestro confidente recordaba de las íntimas pláticas mantenidas en los últimos tiempos en el calor de su hogar, una sobresalía por encima de todas, con el cuerpo presente de su amigo todavía sin salir de la casa de Santa Mónica, en la que acababa de fallecer. Le había insinuado que si él moría le gustaría hacerlo con las botas puestas, usando el símil de la célebre película de Errol Flynn y Olivia de Havilland: "No permitiré que Juan Gabriel muera antes que Alberto, el día que uno muera, morirán los dos para hacer inmortal al primero." Manifestaba con ello que no contemplaba, o al menos le causaba cierta zozobra, la idea de que llegara el día que se alejara de los escenarios y de toda actividad musical. Vistos los acontecimientos posteriores, sobre todo el día del concierto en The Forum, podemos deducir que sus íntimas pantuflas simbolizaban aquellas botas puestas. No hubo vez que aludiera a este pasaje sin romper a llorar.

En mitad de aquellas elucubraciones y profunda tristeza, recordó el momento en que, aquella triste mañana, sonó su celular y vio que le habían mandado un mensaje vía WhatsApp:

Alberto se fue, quedó solo Juan Gabriel. No hay hueco en el mundo para dar cabida a todo este dolor. El remitente también lo conocía muy bien. Media hora después, más o menos, se publicará el trino de Mara Castañeda y el mundo entrará en una profunda consternación. El presidente del país que vio morir a este gran mito, Barack Obama, no demoró en mandar sus condolencias.

2

MéXXIco empieza en california

El principio del fin tuvo como protagonista al estado de California, una tierra de gran y vital protagonismo en su biografía, a la que había acudido dos semanas antes en una escapada de incógnito. Tras aquel viaje privado, regresó a Cancún y a los pocos días puso de nuevo rumbo al estado dorado esta vez para cubrir un intenso plan de trabajo.

Juan Gabriel iba relajado en su avión particular, el "Noa Noa Express", cuando tomó tierra en suelo californiano, ya avanzada la mañana del miércoles 17 de agosto, procedente de Quintana Roo, México. Llegó al aeropuerto privado de la ciudad de San Diego, arranque de su gira, donde el servicio particular de transporte y seguridad lo debía recoger para llevarlo al hotel Residence Inn de la Marina de San Diego. Ahí se quedaría hasta el viernes 19 de agosto que ofrecería su primer show de la nueva gira programada para el segundo semestre del año en los Estados Unidos a la que comercialmente se bautizó como *MéXXIco es todo 2016*, resaltando las tres letras en alusión al siglo XXI, y ya puestos en el guiño a la modernidad, se anunciaba que durante la misma se presentaría como novedad en algunas ciudades un escenario de 360 grados con mayor cercanía al público.

En California estaban programados tres conciertos, el segundo sería en el Sleep Train Arena de Sacramento, el domingo 21 de agosto y el tercero en el auditorio The Forum de Inglewood, en Los Ángeles, el 26 de agosto, para lo cual había previsto trasladarse a una amplia y lujosa casa junto al mar que habían arrendado en la localidad de Santa Mónica, a escasos metros de la famosa Muscle Beach y el Santa Monica Pier. Barajaba la idea de quedarse allí la mayor parte del tiempo y desplazarse con su avión particular a los estados y ciudades donde tuviera que actuar.

El "Noa Noa" que venía acompañado del "Express" en su rotulación externa, era una adquisición de la corporación del mismo nombre que el cantautor tenía junto a su piloto y amigo Daniel Lewkowicz, quien no lo había pilotado hasta San Diego porque andaba por esos días en un viaje privado por la India. Se trataba de un jet cómodo, no excesivamente lujoso, con una capacidad de hasta 12 personas y que adquirieron por un costo aproximado de un millón de dólares. Muy lejos de los 12, 15 y hasta 20 millones de dólares que erróneamente cierta prensa publicó en su día, pero muy lejos también desde luego de los 5 dólares diarios que tuvo de primer sueldo precisamente en el local que inspiraba el nombre del avión, el de una de las canciones más emblemáticas de Juanga, que tanto él como la cantante española Massiel hicieron tremendamente popular e inmortal en el acervo de millones de personas tanto en España como en América Latina.

Daniel es un piloto con ciudadanía estadounidense de origen argentino que conoció a Juan Gabriel a raíz de un vuelo en Bolivia en el año 1994. Esposo a su vez de la famosa diseñadora boliviana Rosita Hurtado, hizo con el tiempo una gran amistad con el autor e intérprete de "La frontera", al tiempo de convertirse en socios de la Corporación Noa Noa. La idea era que el artista tuviera una mayor comodidad a la hora de afrontar sus desplazamientos y que el avión se fuera pagando solo con los recursos que se generarían en las giras. Hubo una aeronave previa antes de la adquisición del actual "Noa Noa Express". El cambio fue una sorpresa que

Lewkowicz quiso dar a su socio y amigo. Se fue en la aeronave a Cancún para que lo viera sin que él lo supiera. Le encantó, tanto el diseño del avión como el color y los *stickers* que Danny le había colocado con el nombre del nuevo jet.

Noa Noa era una historia real y se convirtió gracias a Juanga en un mítico salón de baile de Ciudad Juárez hasta que desapareció en 2004 a causa de un incendio. Fue inaugurado en 1964 y lo amenizaba un grupo local que se dedicaba a tocar éxitos de los Beatles y los Rolling Stones, en pleno apogeo en aquella época. Intentaban explotar la clientela de una base militar de los Estados Unidos que albergaba a 20,000 soldados que, en plena guerra de Vietnam, eran muy dados a gastar su dinero con generosidad ante el temor de que los mandaran al continente asiático y no regresaran jamás.

El Noa Noa estaba ubicado a pocas manzanas del puente fronterizo de Santa Fe, que une a la capital de Chihuahua con la estadounidense de El Paso, Texas. Aquí se produjo la primera actuación, con apenas 16 años de edad, de un joven que aún no respondía al nombre artístico con el que lo conoció el mundo, ya que el Divo de Juárez se hacía llamar Adán Luna en sus inicios. Aquel debut además se dio en circunstancias muy especiales, ya que una amiga de vida nocturna, que con el tiempo sería la famosa Meche, asidua clienta del bar, creyó en su talento y lo invitó a actuar en el Noa Noa de manera ilegal, debido a que aún no cumplía la mayoría de edad. Si se hubiera descubierto su verdadera edad el local se arriesgaba a un cierre. Pero eso no sucedió y su talento le hizo prosperar en el Noa Noa, incluso en otros locales recurrentes de la época en Ciudad Juárez como el Boom Boom, el Malibú y la Cucaracha. Aunque sólo el primero tuvo como tal el privilegio de ser inmortalizado en una canción, y en un avión.

Si bien cada vez era menos partidario de los hoteles, eligió para desembarcar y comenzar la gira uno de la cadena Marriot. Le gustaba la disposición de las habitaciones en forma de amplias suites tipo apartamento de lujo de los Residence Inn, con cocina incorporada y con cuartos interconectados para los ayudantes, de tal modo que podía dar rienda suelta a las bromas que a veces disfrutaba gastar a sus empleados, "mijita tráigame un juguito de mango", podía ser una excusa para salir del aburrimiento de su reclutamiento en la estancia sin reparar en molestar tocando en la puerta del servicio en las horas del descanso para pedir esa o cualquier otra cosa y cambiar de opinión cinco minutos después. Eran las cosas del señor, señor Alberto o don Alberto, que eran los formalismos más usados para dirigirse a él por parte de las personas que conformaban su entorno laboral personal.

Esas extravagancias formaban parte de su personalidad. Como la de robarse las propinas. Juan Gabriel tenía la costumbre de que cuando se reunía con otros artistas en una comida o reunión social en un establecimiento, se esperaba a ser el último en levantarse. Después de que la última persona se había levantado de la mesa él decía que se quedaba un poco más y nadie acertaba a saber por qué. La razón no era otra que esperar para llevarse las propinas que todo el mundo había dejado para los meseros. Las tomaba y se las echaba al bolsillo. Muchos de sus más íntimos lo sabían y le recriminaban esa especie de travesura o de adicción medio cleptómana, que poca explicación lógica podía tener en una persona con una situación económica tan holgada. Para muchos, estos comportamientos tan excéntricos se debían a la infancia irregular que vivió, o mejor dicho a la ausencia de la misma, al haber crecido huérfano de padre y sin madre.

Junto a Juan Gabriel, aterrizaron aquel miércoles 17 de agosto en San Diego, su asistente, Sonia Magaña, su *road manager* Gilberto Andrade y su compañero Efraín Martínez. Sonia era su asistente personal a la hora de vestirlo, de calzarlo, de tenerle arreglado el vestuario, de prepararle la comida y de tener listos sus efectos personales. Gilberto era, en calidad de manager de gira, el encargado de velar por toda la logística que precisan los movimientos del artista, era, entre otras cosas, la persona responsable de pasar la lista de los insumos, de mandar a recogerlos cuando era necesario, etcétera. Efraín era el acompañante privado de Juan Gabriel en aquellos días.

Su hijo y a la vez manager general, Iván Aguilera, no llegó en el avión privado. Lo hizo por separado en un avión comercial. Esta solía ser una práctica habitual que el entorno más cercano del cantante relacionaba con una falta de empatía entre el propio Iván con las personas que completaban el equipo, principalmente con Efraín. Sea como fuera, lo cierto es que el hijo mayor y a la vez representante del cantautor siempre gustaba viajar por separado y en muchas ocasiones incluso hospedarse en lugares diferentes a los de su padre y su séquito de colaboradores.

Subieron a los carros, en uno de ellos, un Lincoln Navigator de color negro, viajaba el Divo de Juárez con su personal, en el otro iba el equipaje. Juan Gabriel se acomodó en la parte delantera, junto al conductor. Exceptuando los recorridos camino de los conciertos, que iba detrás, el resto del tiempo siempre ocupaba el asiento de copiloto en los desplazamientos privados. En mitad del corto trayecto, hizo un comentario que a todos los que lo escucharon les sonó nostálgico, aludiendo a los muchos años vividos como artista en suelo de California. No demoraron en llegar al hotel, a pocos minutos del aeropuerto. Era mediodía. No había nada programado, tampoco se le antojó ninguna salida, decidió descansar por el resto de la jornada en la comodidad de la suite. Tampoco en el transcurso del día jueves 18 ni en la mañana del viernes 19 de agosto se movió, su personal se desplazó exclusivamente para llevar algunos antojos como nopales y limones pero no se puso en marcha la comitiva sino hasta las 7 de la tarde que se dirigió al Valley View Casino Center.

No hubo ensayo ni prueba de sonido previa. Era tal la seguridad que tenía en sí que no ensayaba antes de los conciertos. Le tomaban vídeos del lugar y se los mandaban para que decidiera si todo estaba bien o cambiar cualquier cosa. Sus coristas contaron que no tenía ningún ritual antes de salir a cantar y que todo el mundo debía estar muy atento durante el show pues era tan grande su dominio de la escena y de la música que a veces improvisaba letras y pasos y todos tenían que seguirlo. Antes de subirse al escenario nadie podía tocarlo, decía que quería guardarse toda su energía para darla a su público.

Salió del hotel ya ataviado de su típico traje folklórico de manta, su inseparable morral, su pañoleta y su abanico. El vestuario para el show estaba listo. Fue siempre una de sus señas de identidad y nunca había defraudado a sus seguidores en este sentido, tanto por su originalidad como por el hecho de mostrar orgullo de su patria y folklore mexicanos. Su elección final era muy imprevista, nadie sabía cómo iba a salir vestido, siempre decidía en el último momento. Por muchos años el diseñador Alex Peimbert le ayudó con los atuendos que lució en sus espectáculos, en esta gira tenían algunos diseños que superaban los 5,000 dólares.

Juan Gabriel iba en la parte de atrás, callado y concentrado, cubriendo su boca y su cuello con el pañuelo y haciendo ejercicios de calentamiento de la garganta y de vocalización. Era muy raro, cuando iba camino a los conciertos, que hablara con alguien. Ni antes ni después, se pasaba buen tiempo callado para cuidar sus cuerdas vocales. Esta vez sin embargo sería distinto. Rompió el silencio para hacer un comentario muy extraño y nada habitual en él. Se dirigió a su compañero Efraín: "Mira mijito, apenas vamos al primer concierto... Yo creo que ya no quiero tantas fechas, ya lo que quiero es descansar y que tú te prepares..."

Efraín se quedó callado, confuso, hasta que el silencio invadió el espacio. Poco después, en un tono parecido, se volvió a dirigir a la parte de atrás del vehículo: "Mijito ya prepárate, ya estudia... ¿Qué tal si yo te falto algún día? ¿Qué vas a hacer entonces? ¿Cierto que sí debe ponerse a hacer algo?" Preguntó dirigiéndose a las otras personas buscando una aprobación que nadie le iba a negar.

Tras un silencio, se escuchó de nuevo la frase que llamó la atención de quienes la escucharon, pues conocían a su jefe y sabían que no era en absoluto habitual que hiciera un comentario que denotara cansancio mental por una gira que no había comenzado, cuando lo normal en él era todo lo contrario, cada inicio era una inyección de adrenalina que solía asumir con tremenda ilusión. Las palabras no irradiaban precisamente entusiasmo, sino más bien cierto hastío: "¡Mira nomás, todavía quedan 22 conciertos, apenas si estamos comenzando!" Tras lo cual siguió un gesto y un amago de suspiro de resignación y de fastidio. ¿A qué se debía esa frase y el comentario a su compañero? No era normal en él. En efecto, si físicamente no se encontraba en la mejor disposición, el comentario anterior adquiere toda lógica, pues tenía por delante cuatro meses, principalmente septiembre y octubre, con una exigente planilla de 22 conciertos, a veces con muy poco espacio de tiempo entre unos y otros para descansar y recuperarse bien. Agosto arrancaba con 4 presentaciones, tras los tres conciertos en California de los días 19, 21 y 26 en San Diego, Sacramento y Los Ángeles respectivamente, debía cerrar el mes de agosto con una presentación el 28 en el Don Haskins Center de El Paso, Texas.

Para el mes de septiembre, la agenda estaba bastante completa con 7 conciertos, comenzaba el día viernes 9 de septiembre en el Tacoma Dome de Seattle/Tacoma; el día 11 en el Save Mart Center de Fresno, California; el 16 en el Mandalay Bay Events Center de Las Vegas; el domingo 18 en el American Airlines Center de Dallas, Texas; el jueves 22 en el State Farm Arena de Hidalgo, Texas; el domingo 25 en el Allstate Arena de Chicago y el 29 en el Greensboro Colliseum Complex de Greensboro, Carolina del Norte.

En octubre tenía 7 nuevos shows que iniciaban en Miami, el día 1 en el American Airlines Arena; seguía el día 7 en el Vivint Smart Home Arena, de Salt Lake City; el 9 en el Barclays Center, de Nueva York; el 21 en el Laredo Energy Arena, de Laredo, Texas; el 23 en el Talking Stick Resort Arena, de Phoenix, Arizona; el 28 en el Foxwoods Resort Casino, de Foxwoods, Connecticut y el 30 de octubre en el Coliseo José Miguel Agrelot, de San Juan, Puerto Rico.

La gira concluía con dos fechas más en noviembre y otras dos en diciembre: el día 18 de noviembre en el Toyota Center de Houston, Texas y el 20 en el Philips Arena, de Atlanta, Georgia; para concluir nuevamente en el estado de California, el sábado 3 de diciembre en el Honda Center, de Anaheim y el domingo 4 en el SAP Center de San José.

El show del debut de gira en San Diego se alargaría más de dos horas. Ya desde la primera canción, "Por qué me haces llorar", la conexión entre artista y público, que abarrotaba el recinto con un lleno total, fue absoluta y vivió momentos álgidos en canciones clásicas como "Se me olvidó otra vez" y "Amor eterno", que alternó con nuevas presentaciones como la adaptación del famoso "Have you ever seen the rain" de los Creedence Clearwater Revival. El espectáculo fue todo un éxito. Saludaba exhausto y feliz a la gente que lo jalaba y le pedía más. Lucía un traje de saco con pantalón gris oscuro y una camisa azul estampada con motivos florales. Su público, como siempre, entregado y entusiasta, salió feliz del recinto, todo un icono, por cierto, en la historia del mundo del espectáculo de San Diego, y ya en plena calle, en una noche agradable con una temperatura en torno a los 22 grados centígrados, comentaban entre sí la entrega y calidad de lo que acababan de ver.

Algunas admiradoras añadían a los comentarios una observación sobre el físico de su ídolo y algún ademán que se le había podido ver en el que parecía dosificar mucho sus movimientos. Entre ellas concluyeron que todo lo que tendría que hacer era bajar un poco de peso, pues en algunos momentos se le notaba cansado y muy sudoroso, tal vez recuperando un poco la figura se le haría más llevadero el esfuerzo que precisa esa enorme puesta en escena: *MéXXIco es todo 2016*, que contaba con 50 mariachis y músicos de orquesta, 10 cantantes y 20 bailarines para desarrollar un espectáculo que rara vez podría bajar de las dos horas y media.

Junto a aquellas admiradoras, abandonando también el recinto, pasaron dos personas, un hombre y una mujer, que escucharon el comentario. Una de ellas conocía con detalle el historial clínico de su amigo, sabía que el afeamiento estético que se derivaba del sobrepeso era el menor de los problemas del autor e intérprete de "Hasta que te conocí". Se miraron entre sí.

"¿Escuchaste eso, Gabo?" Preguntó la mujer a su acompañante. Éste hizo un gesto afirmativo y siguieron camino del parqueadero a buscar su vehículo para regresar a Los Ángeles.

Feliz y satisfecho, y desde luego ajeno en esos momentos a sus problemas de salud o a lo que de su físico pudiera comentarse en el exterior, el divo abandonó el Valley View Casino Center acompañado de su personal de confianza. En un primer momento las instrucciones del señor son regresar al hotel. El carro arrancó y se puso en camino para el Residence Inn. De pronto le preguntó a su compañero Efraín, dónde le apetecía cenar. Lo consentía tremendamente. Éste respondió que le gustaría comerse una hamburguesa, pero no una de cualquier sitio, debía ser expresamente de la cadena estadounidense de restaurantes In—N—Out. Para el cantante, los deseos de su compañero eran órdenes que complacía con gusto, por lo que ordenó dirigirse al restaurante. El problema era su ubicación. Podría suponer un serio problema logístico, puesto que implicaría regresarse y encontrarse con el grueso del público saliendo de la zona del concierto, lo cual nunca es aconsejable por motivos de protocolos de seguridad, y así se lo hicieron saber. El cantante desoyó la sugerencia y ordenó a su chofer de manera corta y concisa: "Quiere ir a In-N-Out." Nada que discutir.

El carro dio la vuelta y en contra de lo aconsejado se dirigió al restaurante en mitad de un tráfico caótico originado por el final del show, que estaba lleno de gente y con el estacionamiento repleto. No era por otro lado nada raro, esta cadena de comida rápida tiene una fiel clientela y es muy conocida en el estado de California por la originalidad de algunos de sus productos y su buen servicio, pero en todo caso era obvio que el asesor de seguridad llevaba razón y no era una buena idea, por muy buenas que fueran las hamburguesas, que el ídolo de toda esa muchedumbre se bajase del vehículo y entrara a cenar en ese sitio, en aquellos momentos repleto de fans.

Ante la evidencia, decidió que fuera uno de sus colaboradores, Gilberto, que viajaba en el puesto de copiloto en la parte delantera del vehículo, el que bajara, se acercara, hiciera la fila, hiciera el pedido, consiguiera las hamburguesas de las cuales estaba antojado su compañero y se regresara. Nadie más iba a comer, pero el jefe quería que se le diera ese gusto a Efraín y así se hizo. Mientras Gilberto conseguía la comida, el conductor buscó un lugar estratégico en donde no llamara mucho la atención pero al mismo tiempo pudieran estar pendientes del regreso del *road manager*.

Los minutos avanzaban y aquello daba cada vez mayor sensación de caos y de acumulación de personas. El público seguía saliendo del recinto, que está muy cerca al restaurante, la hamburguesería era un hervidero humano y el responsable de la seguridad estaba cada vez más nervioso con tanta gente pasando alrededor que pudiera reconocer el carro y originar un tumulto. En la parte de atrás Juan Gabriel no contribuía precisamente a calmar los nervios haciendo bromas al respecto:

"¿Qué tal si toda esta gente que está pasando supiera que estoy aquí adentro, se armaría un buen lío?" Decía, mientras sonreía y miraba a través de la ventana.

El problema, como bien conocían las personas que se dedicaban a velar por estos asuntos, es que el fan, ante la más mínima sospecha no se detiene y se asoma sin pudor alguno. Y aunque los vidrios sean ahumados y a primera vista no se pueda ver quién va dentro, si se acerca uno lo suficiente y se ayuda de la mano se alcanza a distinguir la silueta. Atrevimiento para hacer eso es precisamente lo que le sobraba a esas personas.

Mientras pasaba el tiempo en espera de las hamburguesas, sacó de pronto una nueva plática insistiendo en lo mismo que ya había dicho delante de todos. Aprovechando que le iba a dar el antojo a su compañero en contra de las más elementales recomendaciones de seguridad, volvió a repetir y a decirle que ya era la hora que debía ponerse a estudiar inglés, a intentar buscar una salida profesional pensando que algún día él pudiera no estar para ayudarle en la manutención, y que no era bueno que se acostumbrara a no hacer nada.

"¿No te has preguntado qué pasaría si algún día falto yo? ¿Qué harás entonces? ¿Verdad que ya es hora de que se ponga a hacer algo?" Le decía a él, buscando además la complicidad de su asistente, Sonia, que guardaba un prudente silencio asintiendo a cuanto su jefe decía y esperando que aquella demora por la comida no se prolongara más. Serían 40 largos minutos hasta que por fin Gilberto regresó con las bolsas que contenían las hamburguesas.

Enfilaron rumbo al hotel. No había mucho tiempo para descansar. En realidad no descansaba el tiempo necesario y aconsejable entre un show y otro. A la mañana siguiente, el sábado 20 de agosto, la comitiva se puso en marcha nuevamente hacia el aeropuerto privado de San Diego, donde le esperaba alistada otra vez su nueva aeronave particular, "Noa Noa", para llevarlo en esta ocasión a Sacramento, al norte del estado. El cantante no demoró mucho en llegar, sin embargo les llevó mucho tiempo a los 10 camiones y los autobuses que transportan por carretera toda la infraestructura del show y el grueso de personal entre técnicos, operarios, músicos y bailarines que conforman la plantilla de la gira.

3

Juan gabriel *versus* gabo

La presentación en el Sleep Train Arena, en la capital del estado de California, fue todo un acontecimiento en aquel caluroso domingo de verano en toda el área de la Bahía de San Francisco. Con un aforo nuevamente repleto, el "Viva México" se oyó en la voz del cantante, en el público presente, y se visualizó en las pantallas donde aparecían banderas que ondeaban al compás del mariachi.

Entre el público aquel día volvía a estar esa persona tan especial que le había prometido que no se perdería ninguno de los shows dentro del estado ni tampoco el de Las Vegas. Alguien que había estado también en la presentación de San Diego y que había escuchado a la salida de aquel concierto comentarios de algunas admiradoras sobre el estado físico del ídolo, alguien que los volvió a escuchar en Sacramento y que por supuesto asistió también al evento programado el viernes 26 de agosto en el centro The Forum en la ciudad de Inglewood dentro del gran Los Ángeles, donde reside. A raíz de uno de esos comentarios sobre el físico del artista, se fijó en los descansos que hacía en mitad de la actuación, tomando vasos de agua, midiendo cada paso, sobre todo cuando descendía por unas pequeñas escaleras que separaban el nivel de la tarima de la arena para acercarse más al público pero que luego debía retomar para reincorporarse al pequeño espacio en forma de pasillo que sobresalía del escenario principal. Entonces se le vino a la memoria una de las recientes, extensas y distendidas pláticas, cuando su gran amigo le reconoció que debía mejorar físicamente. En ese momento casi lo regañó, recriminándole que si no se sentía bien del todo cómo se le ocurría "aventarse un tour de 22 presentaciones", por qué mejor no se tomaba unos meses de descanso, adelgazaba, se cuidaba, y en 2017 podría volver con fuerza. Pero él, que lo escuchaba atentamente siempre receptivo, acababa contradiciéndose, porque por un lado le reconocía que tenía razón y estaba cansado, y por otro empezaba a restarle importancia a todo eso, y decía que podía controlar sus "performances" a pesar de que no estaba en forma y de que su cuadro clínico con diabetes, hipertensión, dificultades respiratorias derivadas de la neumonía, colesterol alto y sobrepeso mermaban y por supuesto desaconsejaban cualquier alarde físico. El médico le había dicho que estaba débil pero no como para morirse, así que con eso intentaba zanjar la conversación.

En mitad de aquellas elucubraciones no hacía sino mirar al escenario y sí, por enésima vez pensó que le sobraban muchos kilos, buena parte de ellos de puro líquido, no se podía negar la evidencia, las dos pantallas gigantes que proyectaban en vivo la imagen del show estaban configuradas para estilizar la figura y no hacer tan visible la barriga sobresaliente, pero quien estaba cerca del escenario y lo veía o lo conocía bien, como era su caso, sabía que eso no era suficiente. Si se preocupaba era porque se trataba más de un asunto de salud que de estética, aunque esto último era muy importante también cuando estamos frente a un mito viviente del mundo de la música como lo era el Divo de Juárez.

Las pláticas con aquel confidente que lo observaba con tanta atención en sus dos primeras presentaciones de la gira *MéXXIco es todo 2016* habían sido muy recientes, apenas un mes atrás.

• • •

Poco antes de emprender el tour por Estados Unidos, Juan Gabriel hizo una escapada fugaz en una visita privada a Los Ángeles. Quería evadirse. El reposo y el aislamiento a veces no le eran fáciles de lograr en su casa de Cancún, situada en el famoso atolón coralino en el fraccionamiento de uno de los más espectaculares hoteles resort de la zona y las playas de aguas cristalinas azul turquesa del Mar Caribe. Era un lugar que inspiraba paz y sosiego, sin embargo allí la gente lo tenía localizado y lo molestaban de vez en cuando pidiéndole cosas, que si una canción para revisar, que si una propuesta de trabajo, que si una inversión...

Siguiendo con su conocida pasión por invertir en bienes raíces, había adquirido una nueva y lujosa residencia en la Bahía de San Carlos en Sonora, México, cerca de donde residía su joven compañero sentimental Efraín Martínez. Su enorme hacienda de Santa Fe, Nuevo México, donde tanto gustó por un tiempo reunir a amigos y hacer sus fiestas, la había puesto en venta hacía más de dos años, aunque todavía no la había podido traspasar. En aquellos momentos no quería ir a Sonora ni a ningún otro lado, se instaló al sur de California donde quería sentir la buena energía que siempre le traía aquel lugar a pocas semanas de dar comienzo a una nueva y exigente gira. Se alojó en una casa privada. Nadie sabía dónde estaba, podría verse con quien le diera la gana y en la más absoluta discreción. Así lo hizo. Pasaron días en los que se encerraba con los amigos que él escogía. Si le hacía falta algo, se lo llevaban, lo que necesitara, tortillas, nopales, limones, etcétera... Cualquier cosa que las personas contratadas para tales menesteres le ponían en la puerta, donde alguien lo recogía, y tenían además la consigna de no filtrar esa información absolutamente a nadie, nadie podía saber que por allí andaba el famoso autor e intérprete del "Noa Noa".

En aquellas jornadas de desconexión quiso vivir momentos en la más absoluta privacidad, recorriendo distintos lugares de la ciudad más poblada de California sin que nada ni nadie lo pudiera molestar, solo en un carro y con el teléfono apagado, aunque era sabido que él no hablaba por teléfono con nadie y restringía la comunicación al internet vía email. Esto le hacía recordar los viejos tiempos, cuando le daban esos arrebatos improvisados mediante los que buscaba sus espacios íntimos en el momento menos esperado para ir a donde le diera la gana y encontrarse con quien fuera sin posibilidad alguna de que nadie lo supiera.

Le gustaba mucho manejar, además lo hacía con pericia y era amigo de la velocidad. Algunas de las personas consultadas para este libro recordaban que muchas veces, cuando iban en caravana detrás de él con otros carros, sobre todo en Estados Unidos, lo perdían con facilidad "porque iba muy deprisa". En una ocasión, en el año 2002, llegó tarde a la entrega de los premios *Billboard* en Miami por querer él mismo manejar el carro, con la mala suerte de que la Policía lo paró y lo retuvo con los trámites de la documentación. Aquel día tenía que cantar uno de los temas que había hecho para el grupo Los Tri—O y que estos habían popularizado, pero llegó tan tarde que cuando le dijeron que debía salir al escenario ignoraba lo que tenía que hacer, así que empezó a cantar como contrariado, sin saber que aparecerían más protagonistas en escena y dando un notorio suspiro de alivio al ver a los tres integrantes del trío salir detrás de él continuando con la canción. Para muchos fue tan divertido como notorio ver cómo los jóvenes colombianos Esteban, Andrés y Manuel guiaban y daban paso al perdido compositor que no sabía qué pedazos le correspondía cantar a él y cuáles a ellos.

Tampoco el gusto por pasar de incógnito era ninguna novedad. En una ocasión, en vísperas de una gira para Colombia, protagonizó una anécdota que casi le cuesta un soponcio a los promotores de la gira. Sin avisar a nadie, se desapareció y no había manera de contactarlo ni de saber si se iba a presentar. En lugar de usar su avión privado, tomó un carro, manejó hasta la Ciudad de México, allí compró un billete en primera clase a Bogotá. Cuando llegó a la capital colombiana, tomó un taxi y le pidió al taxista que lo llevara al mejor y más cercano hotel, y éste lo llevo al Marriot de la Avenida de El Dorado, a escasos minutos del aeropuerto del mismo nombre. Pidió una suite y se encerró. Acto seguido escribió a dos grandes amigos suyos y les avisó que estaba allí, que llegaran al hotel pero que por favor no dijeran nada a nadie. Al día siguiente se le esperaba en otro hotel, Casa Medina, muy alejado de donde él estaba, y allí se convocó a los medios de comunicación. Avanzaba el día y no había rastro suyo. Los promotores, con el conocido empresario Ricardo Leyva como cabeza visible en la coordinación, estaban ya con la angustia elevada ante el hecho de que no lograban comunicarse con el artista. Tuvieron que mentir a los periodistas y decir que estaba en una suite pero que había dado órdenes estrictas de que no se le molestara. Además todo eso se enmarcaba en un clima de desconfianza pues las presentaciones ya se habían aplazado de sus fechas originales y se había publicado en prensa un posible incumplimiento en los pagos de algunos de los empresarios implicados que comprometería la presencia del Divo de Juárez con su gira en el país del vallenato.

Completamente desesperados y sin saber qué hacer, los responsables de la gira se vieron sorprendidos en la mentira precisamente cuando uno de los dos amigos del cantautor, que había compartido con él todo el día anterior, llegó a Casa Medina fingiendo no saber nada y solicitó verlo. La respuesta fue que era imposible porque había dado órdenes muy estrictas de no recibir "a nadie" por muy amigo que fuera. "No sean mentirosos yo sé que ahí no está", les dijo. Acto seguido contó que no había nada de qué preocuparse y que Juan Gabriel se presentaría, que ya estaba en Bogotá y que daría su espectáculo, con gran éxito además, en el Carmel Club Campestre de la capital de Colombia y posteriormente en la ciudad de Villavicencio. Corría el mes de agosto del año 2013.

El resto de fechas en Medellín, Cúcuta y Cali sí fueron canceladas, por sobrevenderse en exceso las entradas, hecho que provocó que se reventaran en los precios y los empresarios no pudieran cumplir. Quedó flotando en el ambiente que el artista había sido en parte culpable de todo eso. Sus amigos le invitaron a que diera una rueda de prensa para aclarar al público colombiano que él sí cumplía, de hecho en Bogotá lo hizo por más de tres horas, incluso soportando una fuerte lluvia. Le sugerían que era bueno aclarar que las cancelaciones no habían sido por culpa suya. Él declinó con una frase que dejó sin palabras a sus amigos: "El que aclara enreda." El resultado fue que el público de aquel país sudamericano, que tanto lo adoraba, no lo vería ya nunca más en vivo.

El centro de Los Ángeles era uno de sus lugares favoritos para hacer de las suyas y perderse solo con el carro. Descubrió una manera muy original de hacerlo. Solía pedir su servicio particular de transporte, pero cuando llegaba a un determinado lugar que él ya había planeado anteriormente, hacía bajarse al chofer y él seguía con el vehículo con destino desconocido. Se marchaba y nadie sabía a dónde ni cuándo iba a regresar, podían pasar horas, incluso días, hasta que se reportaba para que pasaran a recogerlo. Fue así de frecuente la cosa, que la compañía que solía prestarle el servicio optó por darle de alta en el seguro de los carros ya que se presumía que este comportamiento, como así sucedió, se iba a dar muy a menudo.

Uno de aquellos días de verano, con el sol radiante sobre el Pacífico, le dio por hacer lo mismo. Esa ocasión sintió un arrebato interior al acordarse de aquella persona. Quería verla sin que nadie se enterara. Puso en marcha su vieja maña. Solicitó su servicio de seguridad y transporte. Subió al carro, en la parte delantera, como le gustaba hacerlo cuando no era día de concierto, y pidió que lo llevaran a la Marina. Una vez allá, no necesitó muchas palabras para delatar sus intenciones.

—Bye, bye... —dijo el divo al chofer.

—Pero, don Alberto, ¿cómo hacemos entonces? ¿Lo recojo aquí, me habla...?–, dijo el chofer creyendo que su cliente se iba a quedar allá.

—No mijo, no, bájese, yo me llevo el carro.

El chofer se bajó del vehículo atendiendo el deseo de su jefe, y puesto que conocía los antecedentes, su sorpresa fue relativa. El cantante le dijo que dispusiera de su tiempo como quisiera y que esperara a que le hablaran para decirle dónde y cuándo tenía que llegar por el carro.

—Relájese, váyase para la casa si quiere.

Y así fue. Se puso al volante del automóvil perdiéndose entre las calles buscando nuevamente sus espacios de absoluta y estricta intimidad. Aquel día lo esperaba ese ser entrañable que se había ganado toda su confianza. Lo esperaba Gabo, una persona exquisita y de gran corazón que hacía largo tiempo no veía. Fue el día de su reencuentro.

Gabo era de hecho alguien que por vocación y sensibilidad mostraba mucho apego a la lectura. Culto, y al igual que Juan Gabriel, muy autodidacta, con gran sensibilidad en las artes y las ciencias, había profundizado desde tiempo atrás en estudios de psicología, en la filosofía oriental del Budismo, era amante de las antigüedades, investigaba en la búsqueda de la paz interior basada en la optimización de los chakras, había realizado escapadas al Amazonas para ingerir ayahuasca, un potente alucinógeno usado por los chamanes que transporta al individuo a un profundo trance en el que algunas personas aseguran tener acceso a otras dimensiones espirituales. Le había participado de su interés por la meditación y se había interesado ahora en la tanatología, una materia que fue aceptada como ciencia a mediados del siglo XX y que esencialmente trata de estudiar a la muerte como parte de la vida, o un estudio de la vida que incluye la muerte. Las personas que se especializan en tanatología suelen asistir a enfermos terminales y a sus familiares para ayudarles en el proceso de despedirse de este mundo de la manera más digna posible, y en paz. Sus dos principales pilares son la reconciliación basada en perdonar y pedir perdón y el justo testamento que deje todo bien atado y evite conflictos posteriores a la despedida del individuo de este mundo.

Se saludaron efusivamente. Comenzaron a platicar de muchas cosas. Gabo encontró a Juan Gabriel un poco raro, con aspecto fastidiado, de desgaste físico, con un cansancio que se transmite de modo intangible desde el aura, irradiando una energía débil. "Es la sombra errante del hastío." En medio de la plática distendida, le hizo dos preguntas en cierto modo entrelazadas que marcaron el punto de inflexión del contenido de la conversación y hasta del propósito de su viaje, pues no tenía más objetivo que descansar y de pronto se encontró con la oportunidad de desahogar su alma cuando le hablaron de algo que no conocía ni había escuchado en su vida, pero que instintivamente le llamó poderosamente la atención en cuanto escuchó aquella palabra.

—Primero quiero asegurarme de con quien hablo, ¿con Juan Gabriel o con don Alberto? Porque esto es algo que sólo me interesa platicar con mi amigo Alberto Aguilera. ¿Ya oíste hablar de una rama de la psicología llamada tanatología?—, éste es el primer encuentro que ambos tienen desde que el Divo de Juárez casi fallece a consecuencia de una grave neumonía con complicación cardiovascular, tras un concierto en Las Vegas en 2014, suceso que postró a Gabo en una honda preocupación, por lo que aprovechó para contarle sus avances y creciente interés en esta materia.

—No.

—Pues es algo muy interesante, un tratado con la muerte si quieres llamarlo así, un modo de prepararnos para cuando llegue ese día porque, lógico, todos nos vamos a morir, pero hay que hacer un proceso con ella, redimirte y limpiar las culpas. No te digo que te vayas a morir, Dios no lo quiera... Pero acuérdate lo que te pasó en Las Vegas... y aquí entre nos, sin decir que te vaya a pasar nada, tu estado físico no es el más indicado y tú eres muy terco con eso de que no te dejas ver por médico alguno... Es bueno tener tus cuentas ajustadas y tu alma purgada para que duermas más tranquilo.

Se hizo un prolongado silencio. Luego admitió que vivía preso y a veces angustiado por la inquietud de no haber hecho todavía las paces con muchas personas, que pensó mucho en ello después de aquel incidente de Las Vegas, y tal vez había llegado el momento de buscar esa catarsis. A partir de ese instante, lejos de testigos, lejos de cámaras, lejos de ruido alguno, el autor de "Amor eterno" empezó a ver en Gabo esa persona desinteresada con la que podrá descargar sus culpas y remordimientos, porque sí, su mente hizo un *flashback* al episodio de Las Vegas, que su interlocutor conocía a la perfección, y es consciente de que pudo ser el final.

—Tienes razón —respondió muy pensativo y receptivo. Hizo unos segundos de pausa—. Creo que vi la muerte muy de cerca, me hizo pensar mucho… Me tomé mi tiempo de silencio, mandé preparar un testamento, dejé organizado todo para el futuro con mi estudio de la casa de Cancún, para que siga usándose cuando yo no esté, ya todo está organizado y escrito lo que debe hacerse con lo que hay en mi casa el día que yo falte, no quise hacer apariciones ni entrevistas, porque nadie podía entrevistarme, sólo yo, por eso se me ocurrió la idea de que Alberto entrevistara a Juan Gabriel…

Acto seguido se dieron a la tarea de buscar en YouTube aquella entrevista.

En esta original autoentrevista ambos personajes se reconocen incapaces de vivir el uno sin el otro, y el artista admite que es el culpable de meter "en problemas, en demandas" y en toda clase de líos a la persona, aunque ésta nunca le ha abandonado ni le abandonará. Juan Gabriel no es nada sin su mariachi, sin su público, sin sus coros, sin sus bailarines, sin su actividad frenética, "extraño los aplausos, mi gente, esas noches…". Lo confiesa en un tono melancólico, tierno, vulnerable.

—Pero fíjate que si se muere Alberto será imposible que Juan Gabriel consienta a sus seguidores en un escenario, si por no querer parar, por no darse un respiro para cuidarse Juan Gabriel decide cantar a toda costa, como aquel día en el Mandalay, aun no estando bien, pone en riesgo su salud y como estás diciendo ahí, si Alberto no está bien, Juan Gabriel no estará bien–, comentó Gabo repasando el vídeo.

—Pero Alberto no es nadie sin Juan Gabriel… si Juan Gabriel para, Alberto empezará a morir lentamente—, respondió con el mismo tono melancólico que se escucha en la grabación, donde la persona dice claramente al artista: "Yo sin ti muero, por eso debemos cuidarnos, y mucho."

—Órale, hazte caso, ¡cuídate! El amor de tu canción es eterno pero tú cuerpo no, ¿por qué no contratas un doctor que esté a toda hora contigo? ¿Por qué no te haces chequear antes de empezar la gira? ¿Por qué no haces el tour menos exigente? ¿Has visto lo que tienes programado desde ahora que comiences en San Diego hasta diciembre? O mejor todavía, ¿por qué no tomas un año sabático, dejas a Juan Gabriel descansar un largo periodo y te recuperas bien?

Alberto lo miraba como queriéndole dar la razón, pero inmediatamente Juan Gabriel miraba a Alberto, y éste le devolvía la mirada, como en el vídeo. Alberto es feliz si Juan Gabriel es feliz: "Si tú estás bien, yo estoy mejor." El guiño del cantante bastaba para lograr un efecto placebo de la persona. Se quedó pensativo.

—No permitiré que Juan Gabriel muera antes que Alberto, porque si éste muere, morirán los dos. Pero si muere Alberto, al menos uno seguirá vivo, porque para morir del todo hay que morir tres veces, cuando nos morimos, cuando nos entierran y cuando nos olvidan. Juan Gabriel ya es inmortal, no morirá nunca porque jamás será olvidado, seguirá vivo a través de sus canciones, pasará a la historia, su legado estará siempre ahí, por eso no me asusta el día que deje de respirar, la muerte es lo único que tengo seguro en esta vida y al fin y al cabo se trata sólo de eso, de dejar de respirar, Juan Gabriel seguirá cantando.

En ese momento Gabo entendió todo.

4

la muerte
pasó de largo
por las Vegas

Al calor de la conversación, Juan Gabriel empezó a trasladarse con su memoria a aquel momento de la primavera boreal del 2014, dos años atrás. Había cambiado sus planes y en lugar de llegar a Las Vegas un día antes del concierto, lo hizo el mismo día, la mañana del domingo 13 de abril. Fiel a su costumbre de no buscar lujos de grandes hoteles, eligió para hospedarse un hotel más discreto, nuevamente el Residence Inn de la cadena Marriot, alejado del célebre Strip pero a pocos minutos del Mandalay Bay, que es donde tenía el show, uno más dentro de su gira *Volver*, y en cuya suite presidencial sí se iba a alojar su hijo Iván.

Descansó en el hotel hasta la hora del concierto que, en contra de las normas que rigen el Mandalay Bay Events Center, muy serio en terminar a una hora concreta, se alargó casi una hora más sobre la que tenían prevista la finalización. Pocas personas podían imaginar ante tal derroche que los pulmones del cantante no estaban precisamente en la mejor condición física. Venía arrastrando, de hecho, el malestar de días atrás. Ya había presentado dificultades para cantar por problemas respiratorios, pero cancelar el show era algo inimaginable, se vio con las fuerzas para cumplirle a la gente a pesar de poner en serio riesgo su salud.

"Yo sé que aquel día pudo ser fatal, por poco y te ahogas, estabas casi desfallecido, lo que no sé es cómo ya en ese entonces no tenías contratado un médico, tú deberías tener un médico que forme parte de tu equipo y vaya a todos lados contigo, aquella noche supe que por no haber alguien capacitado desde el punto de vista médico, hubieras podido morir, porque una de las personas en aquel momento que más opinaba, seguramente con buena intención pero sin capacitación, era tu piloto, y yo sé que tú lo quieres mucho y se ha ganado tu confianza, pero a lo que voy es que debes tener a un doctor que se encargue de checarte en una indisposición y de decir lo que te debes de tomar o lo que debes hacer, no tu piloto. ¡Es una locura! ¡Eso es algo que sólo puede hacer un médico!"

Juan Gabriel escuchaba y no decía nada, se limitaba a recordar, a pensar que afortunadamente lo podía contar.

Todo empezó en Nueva York. Se enfermó en la ciudad de los rascacielos. Después del show tenía unos días libres y se fue a Florida para intentar recuperarse con aquel clima más cálido. Sin embargo, su negación rotunda de acudir a un médico y tomar medicinas provocó que su estado de salud no mejorara. De Florida viajó a Houston, sin haberse recuperado, hecho que no pasó desapercibido para sus más íntimos colaboradores al verlo, entre ellos su amigo y piloto Danny Lewkowicz, quien había viajado desde Israel a Minneapolis, y de ahí a Houston en una línea comercial atendiendo el deseo del artista de reunirse con él para continuar juntos la gira. Fue a él a quien le solicitó unos antibióticos para automedicarse. El piloto recurrió a un amigo doctor para la receta y compró un antibiótico y unas píldoras especiales para limpiar su aparato respiratorio. Quería también un nebulizador para ayudarle a respirar, sin embargo, lo que le consiguió, con otra receta de su amigo, fue un inhalador de los que usan los enfermos de asma para abrir los bronquios. Dudó en comprarlo porque era muy caro, al fin y al cabo no tenía asma, de hecho salió de Walgreens sin comprarlo, pero recapacitó, regresó y lo compró, nunca se sabía.

Después del show de Houston, el sábado, decidió quedarse para recuperarse tomando las medicinas. El domingo al despertar se sintió mucho mejor, siguió tomando la medicina y se desplazó a Las Vegas, donde Juan Manuel Navarro lo encontró delicado cuando intentó entrevistarlo a la llegada. Juan Manuel fue el primero que se dio cuenta de que algo andaba mal en la salud del artista desde que aterrizó aquel día: "Recuerdo que lo quise entrevistar cuando llegó desde el aeropuerto privado al hotel de la cadena Marriot que está fuera del Strip de Las Vegas, cosa que también me llamó la atención, pues él tenía casa allá, donde quedarse. El caso es que fue imposible, lo vi que venía mal, venía tapándose la boca con una manta y un pañuelo y no hubo modo de hablar con él. Cuando le pregunté cómo estaba de salud él sólo dijo *bien* y con su mano me hizo la seña de que después hablaría más y entró rápidamente al hotel por una puerta trasera. Iba escoltado por todo su equipo, que amablemente me pidió abrir paso para que él entrara."

El concierto del Mandalay se alargó más de tres horas para dicha de los fans y para disgusto de quienes velaban por su delicado estado de salud, que le habían aconsejado bajar a una hora y media, que era lo habitual en la mayoría de los artistas, dos horas o dos horas y cuarto máximo, pero tres o cuatro teniendo en cuenta lo que faltaba de gira y su salud delicada, no era precisamente lo más recomendado; además, esa noche había mucho viento en Las Vegas y la temperatura iba disminuyendo.

Cuando terminó el concierto se dividieron, Iván se quedó en el Mandalay y el resto del personal, entre el que estaba la asistente y el piloto, se fue al Residence Inn. Al llegar cenaron una sopa caliente casera y hablaron sobre qué hacer al día siguiente, puesto que tenían más de una semana hasta el próximo concierto en Los Ángeles. Danny le advirtió que seguía respirando mal y le hizo un comentario: "Alberto, estás respirando igual que mi mamá, ¿te acuerdas cómo estaba ella?" Él respondió restando importancia al asunto: "Tranquilo, Danny." Unas dos horas más tarde se retiraron a descansar.

Alrededor de las 3 de la madrugada, Sonia irrumpió gritando por el pasillo: "¡Don Danny, don Danny, rápido, se está muriendo don Alberto!" Al llegar al cuarto el piloto lo encontró casi desnudo con una toalla sobre su cabeza y un balde de agua caliente, tratando de abrir sus pulmones porque no podía respirar. Lo intentaron llevar al hospital pero el cantautor se negó, pensando que se trataba de algo sin gravedad. Él debía conocerse y tendría la certeza de que se sentiría mejor, pero realmente no lo parecía, estaba respirando como alguien que hubiera recién acabado de correr una maratón. Reclamó entonces el inhalador que habían comprado en Houston. Se lo puso tres veces en la boca y el efecto fue inmediato. Al abrir los bronquios empezó a respirar mejor y se tranquilizó. El piloto insistió nuevamente en llevarlo al hospital, pero él siguió negándose. Trataron de localizar a Iván para que le ayudara a convencerlo pero no lo lograron. Acudió al lobby para ver si conseguía oxígeno pero no tenían, la única forma de lograrlo era llamar al 911, pero el enfermo se negaba rotundamente a esa opción por temor a que se filtrara la noticia.

Este acontecimiento resultó fundamental ya que jugaría fatalmente en su contra dos años después, en California. El piloto reconoció en entrevista para la creación de este libro que "era muy responsable con sus shows, no quería que apareciera esto en las noticias porque estaba cumpliendo con toda una gira y no quería dañar a la gente de la gira con noticias de que estaba en una ambulancia porque eso iba a perjudicar las ventas. Por ser decente y no dañar a los empresarios quería preservar eso y no quería que se diera a conocer la noticia, por eso también se aferró a no ir al hospital".

Lo convencieron al menos de ir a un doctor. Sería algo más discreto. El tiempo transcurrido desde que alertaron al personal de seguridad y transporte hasta que Lewkowicz localizó un médico ayudado de su laptop no estuvo exento de cierta tensión. El equipo de seguridad apremiaba por llamar al 911 contradiciendo los deseos del señor pues no lo veían nada bien. Dieron las 7 de la mañana sin que el piloto pudiera obtener ayuda. A esa hora, en uno de los intentos, lo atendió una recepcionista que era latina, le comentó que se trataba de Juan Gabriel para que por favor le agendara una cita inmediata. La respuesta fue afirmativa, además la consulta era al lado de un hospital, lo que facilitaba las pruebas de radiología inmediatas. En esas condiciones, Alberto aceptó. Lo llevaron al Hospital Southern Hills, a donde llegó directamente Iván Aguilera, que ya había sido localizado y alertado de la situación. Juan Gabriel no entró por emergencias sino por el consultorio del doctor, pero estaba cada vez peor. Al médico le bastó una sencilla observación para entender la gravedad de la situación. Ordenó los rayos X y al ver el cuadro de neumonía que presentaba decidió internarlo. De ese modo lograron meterlo al hospital sin recurrir al 911.

Quedó ingresado y se dieron órdenes estrictas de que no se dejara pasar a nadie a visitarlo. Se le estabilizó, se le diagnosticó un cuadro agudo de neumonía, recibió el tratamiento adecuado, de modo que experimentó una mejoría. En un primer comunicado se anunció que debía estar ocho días internado y luego debería tener 20 días en reposo absoluto, lo que significaba que debería aplazar algunas fechas, con seguridad las más inmediatas que tenía en California, en Los Ángeles y San José, así como en la Feria de Texcoco, en México. En realidad no volvería a actuar hasta el mes de agosto. Él lograría forzar el alta para salir antes.

La noticia no tardó en correr. Fue precisamente Juan Manuel Navarro quien, siguiendo su instinto periodístico tras verlo tan mal a la llegada, se mantuvo en guardia durante y después del show del Mandalay y fue el primero en llegar con las cámaras de Televisa Espectáculos al hospital tras recibir la noticia de que el famoso cantautor mexicano acababa de ingresar en un estado delicado.

El martes 15 de abril, Juan Gabriel tranquilizó a sus fans desde su cuenta oficial de Twitter @soyjuangabriel con tres mensajes que dejaban a la vista, falta de ortografía incluida, que la postergación de las fechas era totalmente en contra de su voluntad.

Juan Gabriel

@soyjuangabriel 15 abr. 2014

Todo esta bien! No hay de que preocuparse, sólo hay que cuidarse! Gracias por todos sus mensajes y buenos deseos.

> **Juan Gabriel**
>
> @soyjuangabriel 15 abr. 2014
>
> Aunque yo quiero seguir cantando, otros me quieren descanzando... Mis amores, nos veremos hasta el primero de Mayo en Los Ángeles.

> **Juan Gabriel**
>
> @soyjuangabriel 15 abr. 2014
>
> Nada se ha cancelado, solo se ha postergado. Las nuevas fechas para conciertos de Abril, serán anunciados en la página http://www.juangabriel.com.mx

Conforme ambos amigos recordaban lo sucedido, él iba reflexionando. Su terquedad pudo ya entonces haberle costado la vida.

"La verdad, mi querido Alberto, yo recuerdo aquellos días y todavía puedo sentir la angustia... todos aquellos días tuyos en coma... ¡de verdad pensamos que te nos morías!"

No le faltaba nada de razón a Gabo, ni exageraba. Lo peor estaba por llegar. Salió muy débil del hospital, no estaba completamente recuperado. La salida se hizo caótica. La estrategia no fue buena. En el intento de sacarlo discretamente evitando a las cámaras, lo que se logró fue el efecto contrario. Juan Gabriel pidió a Danny que manejara lo de la prensa y le dijo a su hijo Iván que lo dejara en sus manos: "Deja que Danny maneje todo, él es mi amigo, sabe mi mejor interés, yo no quiero hablar ahorita con los medios, seguro lo hace bien." Desafortunadamente la cosa no salió nada bien. El plan diseñado para sacarlo fracasó. La intención era llevarlo a otro Residence Inn para que descansara unos días y luego no tenían definido si iban al rancho de Santa Fe, Nuevo México o se quedaban en Los Angeles.

Lo sacaron en una silla de ruedas, en una camioneta que presuntamente iba a pasar inadvertida para los periodistas, pero que no fue así. La mayoría de los camarógrafos y redactores se encontraban en el vestíbulo de la puerta principal del hospital. No se sabía el momento exacto en el que se le iba a dar salida al cantante pero todos estaban muy alertas. Es su trabajo y están acostumbrados a ello. La maniobra de distracción en el *lobby* logró el efecto contrario, pues puso en guardia a toda la prensa. Todo el mundo corrió afuera, a los carros, creyendo que salía de un momento a otro. La gran mayoría se encontraba allí y siguió el señuelo, pero un equipo de la cadena Telemundo, quienes como muchos profesionales saben de sobra que en estas situaciones hay que tener vigiladas todas las salidas posibles, estaba apostado en la parte trasera y vio salir la camioneta en la que sí iba el cantante, a la que inmediatamente siguieron. Los reporteros no se limitaron a seguirlos y esperar a que llegaran a su destino para grabarlo, sino que intentaron tomar imágenes en las que se viera al artista dentro del vehículo. Se inició toda una persecución de película por las calles y el Freeway de Las Vegas con el objetivo de ponerse en paralelo para filmarlo. Dentro, junto al cantautor, viajaba el director del hospital, quien estaba al volante, y el piloto. La situación empeoró con la intervención de un tercer vehículo que escoltaba al artista y que manejaba el propio Iván Aguilera, que intentó bloquear a la camioneta de Telemundo para que no se acercara a su padre. Esta acción elevó la tensión de la escena. Parecía una producción cinematográfica en pleno Las Vegas, con la diferencia de que aquí sí había riesgo real de lamentar alguna desgracia. Ambas partes se echaron en cara posteriormente que se había comprometido la vida de las personas, Danny acusó a los reporteros de temeridad y estos a su vez acusaron de lo mismo a Iván.

En mitad de aquella dantesca persecución, que duró unos 35 minutos y continuó por las calles de Las Vegas tras salir del Freeway, para evitar que lo grabaran, Danny intentó agachar la cabeza de Juan Gabriel, quien conforme avanzaban los minutos se iba sintiendo cada vez peor, comenzando nuevamente con síntomas de respiración agitada. El estrés de la situación, unido al delicado estado de salud que atravesaba, provocó que en cierto momento el enfermo estuviera a punto de desfallecer y perder el conocimiento. Tuvieron que darse la vuelta sin llegar al hotel y regresar al hospital para esta vez ir directo a emergencias por una puerta lateral. Avisaron para que estuvieran listos con oxígeno a la llegada. Al llegar el oxígeno estaba listo, pero no la máscara. La doctora de turno que lo recibió lo vio en crisis respiratoria e interpretó, al observar que el pantalón estaba mojado, que se había orinado y tal vez estaba en las puertas de un infarto de miocardio. No hubo tiempo de aclarar que se trataba de una botella de agua caída durante la persecución. Ahí mismo le pusieron una pipa en la garganta, le indujeron el coma y lo trasladaron a cuidados intensivos. La doctora aseguró que su vida estaba en peligro y otro doctor se mostró especialmente pesimista respecto a su supervivencia. Fueron momentos de extrema tensión y angustia. En ese grado de estrés, el piloto salió a encontrarse otra vez con los medios, a los que mintió sobre el verdadero estado de Juan Gabriel, ocultando que en esos momentos estaba en coma y se debatía entre la vida y la muerte.

El encuentro acabó con un agrio enfrentamiento en el parking con los periodistas, perplejos por lo que estaba pasando. Hubo un momento de máxima tensión con amenazas en un tono agresivo contra el chofer de la camioneta blanca de los reporteros de Telemundo: "Alguien aquí se va a responsabilizar y ustedes se van a dar cuenta, ¿ok? Si lo que querían era la muerte y acabar con Alberto, casi lo lograron. Ustedes quieren matar a Alberto así como mataron a la señora Diana, se nos tiraron encima con el carro y no entienden que el señor Alberto quiere su privacidad, ustedes no tienen vergüenza", dijo sin ningún rubor.

Los periodistas le reprocharon su actitud y el mal manejo de la comunicación como causa de todo lo que sucedió: "Si ustedes no hubieran hecho todo lo que hicieron, como lo hicieron, tratando de esconder todo, no hubiera pasado nada…" El chofer de la camioneta de Telemundo se quejó de la agresividad temeraria usada contra ellos en plena carretera por parte del vehículo de escolta que manejaba Iván Aguilera: "Ustedes nos estaban echando el otro carro encima, estaban arriesgando nuestras vidas."

Los profesionales de la información aludidos defendieron su postura para dejar claro que el empeoramiento de la salud del autor e intérprete de "Se me olvidó otra vez" no fue causada por este incidente, sino por precipitarse en abandonar el hospital sin estar bien curado.

Mientras la prensa y el piloto se peleaban, el enfermo empeoraba. Afortunadamente superó la crisis, aunque permaneció casi un mes en coma inducido con la pipa en la garganta. Se le hicieron más pruebas y análisis. Descubrieron un serio problema de obstrucción en las arterias del corazón. Se le hizo un cateterismo en la arteria coronaria. Después hubo complicaciones para sacarlo del coma. El primer intento falló. Hubo que volver a meterlo. Hasta que por fin despertó definitivamente. Entonces tuvieron que enseñarle prácticamente a caminar, pues después de tanto tiempo postrado en la cama los músculos no responden bien a las órdenes del cerebro. Fue un proceso lento pero se recuperó bien, perdió peso y gracias al tratamiento y al cateterismo salió muy rejuvenecido, se sintió mucho mejor en muchos aspectos, incluida su voz, que parecía hasta 10 años más joven.

Las relaciones entre Danny Lewkowicz y los informadores se normalizarían más tarde. Se dieron una tregua mutua y fluyó de nuevo la relación entre ambas partes. El piloto anunció que daría declaraciones si le autorizaban a ello. Tácitamente se reconoció que todo fue un incidente fruto de la tensión del momento y de que nadie del entorno del artista quería que hubiera periodistas en el lugar, sin entender que los profesionales se limitaban a hacer su trabajo del mejor modo posible y que con un correcto manejo de la comunicación, algo que ha sido y es el gran talón de Aquiles de Iván Aguilera, se hubieran evitado muchos roces.

Fue una larga convalecencia durante la que aprendió a tomarse la salud más en serio, el susto no era para menos. No volvería a reaparecer en un escenario hasta el 14 de agosto, en Lima, Perú. Desafortunadamente pronto volvió a negarse a ver a más doctores. Debía hacerse un nuevo cateterismo pero nunca se lo hizo.

• • •

Los largos y duros días de su internamiento en Las Vegas lo aislaron del mundo. Nadie, fuera quien fuera, estaba autorizado para ver o visitar al enfermo. Los pocos que lo lograron eran del más estrecho círculo de amistades del autor e intérprete de "Yo Te Recuerdo": entre ellos la cantante mexicana Aída Cuevas, su íntimo amigo, el venezolano Paco Fernández y la madre de este, doña Carmen Izaguirre. A Olga Breeskin, por ejemplo, y a otras personas se les negó sistemáticamente el acceso mientras permaneció hospitalizado.

Paco Fernández recuerda, al margen de la neumonía, la intervención del corazón, una dolencia que sufrían muchos familiares suyos también: "Fue una crisis de salud que yo creo fue motivada por exceso de trabajo, me confesó muchas veces que se sentía cansado de tantas cosas, no solamente lo hizo en la época última de la víspera de su muerte, sino en muchas ocasiones anteriores. Se sentía cansado de tanto trabajo, él trabajó más que ningún artista. Recuerdo cuando estábamos en México en los años 90, trabajaba de martes a jueves en los palenques, viernes y sábado en el Premier y trabajaba también en domingo."

Aquellos días la angustia fue muy grande y la incertidumbre mayor, el estado de su amigo era crítico y se temía por su vida: "En realidad estuvo muerto más de un mes, estuvo en un coma inducido fortísimo, la situación era muy grave, a él le dio un infarto, hubo que hacerle muchas cosas, lo pasamos mal en aquellos días."

Francisco Fernández es un venezolano afincado en Las Vegas al que todo el mundo conoce como Paquito o Paco. Conoció a Juan Gabriel en el año 1980, en Venezuela, cuando intentaba abrirse paso en el mundo del entretenimiento, trabajando en la televisión en Caracas, a través de María de la Paz Alcaraz, entonces representante del artista. Lo recuerda en su faceta de Alberto: "Juan Gabriel era el artista, ese era su invento, pero cuando bajaba del escenario o cuando se apagaban las luces era Alberto o don Alberto, depende para quién. Alberto era mi amigo, Alberto era un hombre muy noble con todo el mundo, muy sencillo, muy suave para decir las cosas, era como el bambú, que cuanto más alto más se dobla. No tengo palabras para describir cómo se portó conmigo, estuvo pendiente cuando se enfermó mi papá y en todos los momentos importantes de mi vida."

La profunda y larga amistad que se forjó entre ambos le hizo partícipe de algunas de las cosas más íntimas del cantautor, quien se lo llevó a conocer muchas de sus propiedades inmobiliarias: "Me llamaba cada vez que compraba una casa nueva para que fuera a conocerla, le fascinaba comprar casas. Recuerdo mucho el rancho de Santa Fe, en Nuevo México, espectacular; también la casa de Malibú era divina, o la de Cayo Largo, que parecía una casa de esas de películas de misterio. Cuando se vino a vivir a Las Vegas yo estaba en Caracas todavía, me llamó para ver una casa que finalmente fue la que compró aquí, una casa inmensa con una discoteca incluida. Ya en esa época estaban los problemas políticos en Venezuela con Chávez y él me dijo que por qué no me quedaba y le ayudaba a montar la casa, y yo me quedé en Las Vegas. También fueron unos momentos duros para él, fue la época del problema con Ralph Hauser, de aquella enorme suma de millones que pagar por impuestos en Estados Unidos con riesgo de ir a la cárcel incluso, necesitaba todo el apoyo de los amigos."

Juan Gabriel reconoció a otro gran amigo mexicano de Las Vegas, Pablo, que había "vuelto a nacer" después del coma. Pablo le dijo: "Gracias a Dios vives para contarlo, eres un gran testimonio, un milagro." Recuerda que le dio las gracias por las oraciones, por los detalles y por estar al tanto, así como cuando le confesó: "Me sentí muy mal, no quiero regresar jamás a un hospital, fue una experiencia muy desagradable." Para volver a nacer hay que morir antes. El artista le reconocería que en muchos momentos estaba desorientado y no sabía lo que estaba pasando en el hospital.

Pablo Castro Zavala, originario de Cuernavaca, Morelos, en México, es presidente del Paseo de las Estrellas *Las Vegas Walk of Stars* y presidente en dicha ciudad de la Asociación de Prensa, Radio y TV (AIPRT), precisamente la encargada de conceder esas estrellas que poseen, además de Juan Gabriel, artistas como Luis Miguel, Alejandro Fernández, Emilio Estefan, Gloria Estefan, Ana Bárbara, Los Tigres del Norte, José José o Jenni Rivera entre los latinos, y Frank Sinatra, Elvis Presley y Dean Martin, entre los anglosajones. Conoció a Juan Gabriel haciendo entrega de unos reconocimientos de los galardones Orgullo Hispano en Las Vegas, en el año 2002. Ya había tenido previamente una fluida comunicación con él mediante el intercambio de correos electrónicos. Al principio creyó empezar a entablar amistad con Juan Gabriel, hasta que un día el cantautor se lo dijo muy claro: "A mí dime Alberto." Pronto entendió la diferencia. La tuvo presente todo el tiempo: "Una vez fuimos a un casino juntos, el que más le gustaba era el Mirage, me dijo que le gustaba estar allí pero que si iba era como Alberto, no como Juan Gabriel, aunque eso era difícil porque rápidamente se acercaba gente a pedir autógrafos y él siempre los atendía, los abrazaba, se tomaba fotos."

Fue Alberto el que lo invitó a pasar temporadas en Cancún y convivir. La confianza fue tal que en una ocasión él tuvo que salir de México por un imprevisto de trabajo y Pablo se quedó solo allá en las 12 hectáreas de la "Casa Dorada" de Quintana Roo, criadero de tortugas incluido. "La casa era espectacular, no sólo por el criadero, tenía su estudio de grabación, un teatro, y aquella inmensidad rodeada de lagos y manglares. La casa estaba muy hecha al gusto mexicano pero tenía muchas estatuas de inspiración hindú, budista, recuerdo un Buda y las figuras del zodiaco chino. En el estudio de allá se hizo prácticamente todo el trabajo del disco *Los Dúo* y aquella autoentrevista luego de lo que le pasó en Las Vegas, también la hizo allá. Luego tuve ocasión de conocer el resto de sus casas, era el tipo de persona que es gran anfitrión, le gustaba servirte, hasta hacía el esfuerzo de él mismo llenar tu plato. ¡Estoy tan agradecido con él! Valoro mucho el tiempo que me dedicó, porque él era un hombre tremendamente ocupado, siempre estaba de gira, o grabando, o componiendo… Por eso valoro mucho más todo lo que pudimos compartir. Me invitó a muchos conciertos, me acuerdo de uno en particular, en Mexicali, estuvimos mucho tiempo platicando en los camerinos, me dedicó tiempo de calidad, me contó su proyecto de los duetos, y hasta tuvo el detalle de preparar una mesa en primera fila para que pudiera estar presente mi familia, me dijo que la sección se llamaba Diamante, no más de 15 asientos, y si faltan asientos, me dices, me insistía."

En Las Vegas reside también otra persona que lo pasó mal en aquellos días por el estado de salud de su amigo Alberto y que a raíz de ahí no dejó nunca de estar preocupada por el deterioro constante de su estado físico: "Yo conocía perfectamente su expediente médico, estaba muy mal, tenía diabetes, tenía la tensión arterial muy alta, tenía el colesterol malo muy alto, tenía problemas crónicos de respiración, a pesar de que él nunca fue fumador, tenía arritmia de sueño y tenía más cosas que no puedo decir pero que sé perfectamente porque estuve con él en el médico y fui quien lo ayudó a traducir su reporte." Gigi sabía que aquello no le auguraba una larga vida.

Gigi Viera es una brasileña afincada en Las Vegas, conoció a Juan Gabriel en el negocio que ella regenta cuando éste acudió a comprar unas antigüedades. Corría el año 1989. Nació entonces una gran amistad, ella pasó largas temporadas en su casa de Malibú, en la de Cancún y en la de Las Vegas, y lo acompañó por miles y miles de kilómetros en distintos viajes: "Él me decía que era como su segunda madre, tal era nuestra relación que hasta dormíamos en la misma recámara. Yo siempre cuidaba de él, ahí estuve también cuando se cayó del escenario en Houston, en el 2005, y cuando tenía momentos de mucha tristeza, como por ejemplo cuando murió su hermana Virginia."

Alegre, pacífica, chévere. Era su consentida. Tomaban jugos en sus largas veladas, sabido es que no bebía y que por mucho tiempo se limitó a la alimentación vegana. A él le gustaba que sus amigos se quedaran con él en sus casas por largos periodos de tiempo, así ellos tuvieran las suyas propias, para de ese modo sentirse más cercano a ellos y más acompañado. Recuerda cuando él se perdía en el Barrio Chino o en el mercado Fantastic Indoor Swap Meet de Las Vegas, muy cerca de su casa, "compraba cosas para restaurar las casas, eso le fascinaba, le entretenía mucho, por eso tenía tantas casas también, todas llenas de perros callejeros que yo recogía de la calle, porque a mí me gustan mucho, y se los llevaba a las casas".

Gigi cuenta la anécdota de cuando, una vez que ella iba con el autor e intérprete de "La diferencia", su canción favorita, coincidieron con el maestro Armando Manzanero, quien iba acompañado de una mujer de unos 30 años, a la que quiso presentar como su esposa. Alberto, en plan bromista y haciendo como que iba solo, dio la mano a su amiga Gigi y la felicitó por haber contraído matrimonio con el autor de "Adoro", quien absolutamente contrariado, incluso algo furioso, le dijo a su colega que cómo pensaba que se había casado con esa mujer "anciana", que estaba equivocado, su esposa era la otra, la joven. Esto no hizo mucha gracia a la aludida carioca, quien le respondió que podía ser todo lo maestro que fuera pero que era un grosero y un mal educado, y que por supuesto ella no era la esposa porque "yo nunca me casaría con usted, usted tiene cara de sapo", le soltó a Manzanero. La mujer que lo acompañaba y que sí era su esposa le pidió que no hablara así porque era un gran compositor y tenía que guardarle respeto, a lo que ella respondió, cargándose más de razón, que el gran compositor era ese otro que estaba allí, señalando a su amigo que en ese momento ya se había alejado de la escena muerto de la vergüenza y haciendo como que no conocía a aquella brasileña toda enojada y enardecida. Se desapareció completamente del hotel y mandó más tarde a su chofer para que pasara a recogerla.

En otra ocasión, recuerda Gigi, ella tenía una gran fotografía de María Félix, diva a la que adoraba. Alberto le prometió que iba a conseguir que La Doña le firmara esa foto y organizaron un encuentro para que así fuera.

La sorpresa es que cuando la gran María vio aquella imagen dijo que estaba muy bonita y que se la quería quedar, que no la devolvería. Y así fue, Gigi se quedó sin autógrafo y sin fotografía, pero con la promesa de su amigo cumplida, y eso era lo que importaba.

• • •

De tanto hablar y recordar, apenas se dieron cuenta de que el tiempo estaba volando y era hora de echarle algo al estómago. Todavía el cantautor tuvo una última frase sobre aquella crisis que casi le cuesta la vida.

—Mi querido Gabo, ¿sabes lo que pienso? Que tenía tan grandes amigos y tanta vida en Las Vegas que la muerte prefirió pasar de largo, y no sólo pasó de largo, hasta me regaló más vitalidad, porque los doctores me dieron medicinas buenas, pero mis amigos me dieron amor, y esa es la mejor medicina—, concluyó con aquel *flashback* de gente y anécdotas surgidas a raíz de aquel episodio.

—Pero ya hace dos años de eso y te has vuelto a descuidar, Alberto…

No tuvo más remedio que reconocerlo. Sí, se estaba haciendo viejo y no lograba sino sumar achaques. El anfitrión sacó mano del ingenio para bromear sobre el repertorio del show que estaba a punto de estrenar.

—Te siento muy nostálgico, deberías hacer una canción como el "My Way" de Frank Sinatra para cerrar tus show, nos vas preparando para un adiós, porque alguna vez tendrás que dejar de hacer shows, le dices hasta siempre a tu gente, mira qué padre la letra aquella que empezaba diciendo que el final estaba cerca—, le sonó lo suficientemente ingenioso como para arrancarle una forzada sonrisa. Y pensándolo bien no era mala idea, una canción autobiográfica que hiciera balance de su propia vida. Ambos rieron de la ocurrencia.

—"Adiós eterno"—, respondió él.

—¿"Adiós eterno"? —preguntó Gabo.

—Sí, el "My way" de Juan Gabriel se podría llamar "Adiós eterno"... Alberto morirá pero Juan Gabriel siempre estará ahí. El día que yo me vaya seguiré estando eternamente en el corazón de mi gente con mis canciones, con mi música, cada vez que las canten o las escuchen yo estaré ahí, el último adiós que me den será un adiós para toda la vida, el adiós eterno es el amor para siempre. El adiós será el amor, por eso el mío será un adiós eterno, seguro puede ser una hermosa canción, una canción de agradecimiento con mi gente, porque es por ellos que sigo adelante aunque no esté bien, su aplauso me hace seguir.

Adoptó un tono trascendental y esbozó una improvisada melodía. La idea de hacer una última canción tal como hizo Frank Sinatra le atrapó en ese instante, pero Gabo quería evitar que cayera en la languidez y decidió darle continuidad al origen jocoso de la ocurrencia. Para no estropear la canción ni la despedida era mejor cambiar de tema y hablar sobre su "simpatía política" y así nadie fruncíría el ceño.

—Mira Alberto, tú como mexicano tienes un defecto muy grande y no creo que sea bueno que lo vayas tan siquiera a mentar—, dejó en suspenso la ironía entre las carcajadas.

—¿Qué defecto?—, respondió intrigado, pues no entendía en absoluto la ironía.

—¡Pues que le vas al PRI! —sentenció dejando claro que obviamente no era votante ni simpatizante de este partido—. Ahora espero que no se te ocurra aventarte otra vez otro show como cuando lo de Labastida, no Alberto, eso no le gusta a tu gente, tu gente es de muchas ideologías, eso no casa ni con tu forma de ser, la política es mala cosa, nada que ver con el amor que tú siempre has cantado y pregonado, no hay partido que gobierne bien, todos son una bola de corruptos.

—Ah, pues no sé si gobernará bien, pero tenemos un presidente muy guapo, está muy bonito, pero... ¿para qué? Los políticos no han hecho sino utilizarme siempre—, zanjó así, mezclando lo frívolo con lo serio aquel regaño y el mal recuerdo que traía a su mente.

La habilidad de Gabo logró tornar momentáneamente el aire melancólico de su amigo en un intercambio de chanzas y sonrisas, pero a la hora de despedirse, le preguntó por esa palabra que sonaba tan solemne y que se le había quedado retumbando por dentro.

—¿Cómo dijiste que es eso que estás estudiando, lo de prepararse para la muerte?

—Tanatología, Alberto, investiga eso, cerrar círculos, aunque igual eso no te será poco familiar, tú que tanto te interesas por el Budismo y ese tipo de cosas. Pues digo, tú que eres tan autodidacta, que te gusta explorar, investigar las cosas y mirar por ahí, ve checando. Es una técnica muy especial que logra acercarse a las personas que viven en conflicto o en duelo, y contribuye mucho a prepararlas para cuando llegue el momento de partir al viaje del que nunca se regresa, ir con los deberes hechos. Alberto, sabes que si hago esto es por ayudarte sin el más mínimo interés, a mí solo me interesa que tú estés bien. Créeme que ando bien preocupado porque no te veo bien, estás demasiado inflado, de aquí a poco vas a llegar a los 70 años, es un múltiplo de 7, estás a medio camino de tus ciclos cabalísticos de 7 años, ahí tienes ya como una fecha para marcarte a futuro, en serio tienes que ir pensando en bajarle a la agenda, en parar, viajar por el mundo, ir a Oriente que tanto te fascina, recuperarte físicamente…

—Abrázame…

Se dieron un fuerte y emotivo abrazo, hablaron de que se volverían a ver cuando el cantautor regresara a California para comenzar su nueva gira. Volvió a México con dos cosas dando vueltas en su cabeza: la tanatología y el "Adiós eterno".

5

el presagio

El lunes 22 de agosto el "Noa Noa Express", procedente de Sacramento, donde había tenido lugar la segunda presentación del tour *MéXXIco es todo 2016*, llegó muy temprano al aeropuerto privado de Van Nuys, situado en la localidad del mismo nombre, un distrito de Los Ángeles en el valle de San Fernando, al norte de Beverly Hills y Santa Mónica. La ventaja de volar en avión particular y de aterrizar en un aeropuerto privado es que uno maneja sus propios horarios y viaja a la hora que está listo, a la que ha terminado de hacer sus cosas o simplemente a la que le apetece. Era poco o nada madrugador, rara vez le daba por pensar en la belleza del amanecer, con la luz del sol acariciando suavemente desde el Este el horizonte, con sus primeros rayos, pero aquel día la expedición se puso en marcha en la capital del estado a primera hora para llegar a Los Ángeles lo antes posible.

Llegó más temprano de lo previsto y tomó a casi todo el mundo desprevenido, no había nadie esperándolo en Van Nuys. Cuando el cantante salió de la aeronave camino a su transporte particular, pronto se dio cuenta que éste no había llegado todavía. Lejos de una falta de puntualidad, la anécdota se presentaba precisamente por el inusual y considerable adelanto en la hora del aterrizaje. Al artista no le importó lo más mínimo, decidió ir a tumbarse a un pasto que había sobre una de las glorietas que dan acceso a la puerta principal de dicho aeródromo, justo al lado de un árbol, para hacer tiempo hasta que llegara su camioneta. Su vestimenta de manta quedaría bastante sucia y lista para lavar una vez que se levantara de allí, pero lógicamente no era algo que le preocupara demasiado. Tampoco lo iban a reconocer y tomarle una foto allí tumbado como si fuera un mochilero o un vagabundo.

Sus acompañantes le observaban con bastante asombro. Ahí estaba él, como un campirano, informal, sin protocolo, en medio del pasto con su típico abanico. Estaba de muy buen humor y conforme pasaban los minutos y se reconfortaba en tan singular ubicación, iba adquiriendo un aire muy sentimental, pensando sin parar en las pláticas y en el significado de aquella palabra que versaba sobre cómo prepararse en vida para la muerte.

Alberto miraba al cielo, a veces dejaba la mirada perdida, respiraba y dejaba pasar el tiempo hasta que por fin llegó su vehículo. Los choferes quedaron bastante perplejos también ante la escena, incluso temerosos de recibir alguna reprimenda, aunque aquello no fuera su culpa, pero no, el cantante no hizo ningún reproche, más bien asintió cuando escuchó la justificación de que el vuelo se había adelantado y hasta hizo un comentario jocoso con el que todos rieron.

—Aquí estábamos bien, dándonos la buena vida—, les dijo en un tono con especial entusiasmo.

Una anécdota similar le sucedió a Pablo Castro Zavala el día de la ceremonia de su estrella en Las Vegas: "Me acuerdo que me dijo que no quería que ninguna limusina fuera por él, quería llegar como un hombre de bajo perfil, que fuera yo mismo al aeropuerto y le explicara cómo iba a ser el homenaje. Así fue, lo recogí, lo llevé a su casa, y durante esos días pasó una anécdota. Yo iba a pasar a recogerlo, me dijo que pasara a tal hora. El asunto es que hubo muchos contratiempos de tráfico y llegué varios minutos retrasado, como media hora. Cuando llegué me sorprendió que él estaba bien arreglado y listo pero afuera, en la calle. Yo estaba convencido de que se iba a enojar y me iba a reclamar, pero no. Me vio, se empezó a reír y me dijo *qué bueno que llegaste, Pablo, ya iba a ir por ti*. Era parte de ese carácter bromista tan característico de Alberto, él decía que la vida había que disfrutarla con risas y con alegría. Y la gente le adoraba, todo el mundo quería complacerlo. En una ocasión en México, en mi Cuernavaca, le regalaron una vajilla después de que le hiciera un comentario a un mesero diciendo que era muy bonita. Pronto organizó con el gerente para que se la llevaran en un carro a su casa de Acapulco. Así era Alberto, un hombre sencillo al que no le importaba esperar si te retrasabas."

Aquel momento de la estrella, al que nos volveremos a referir, lo disfrutó mucho. Pablo pidió a un mariachi que fuera a amenizar el evento y le comentó que allí estaba por si decidía "aventarse el palomazo". Para sorpresa de todos sí, hubo un mini concierto improvisado. Al día siguiente incluso le dijo: "Si me hubieras avisado que iba a cantar hubiera venido yo con mi propio mariachi para lucirme más, no digo que fuera malo el que estaba, pero con el mío hubiera sido mejor."

Sin más dilación, procedieron a subir el equipaje a los carros para abandonar las instalaciones de Van Nuys, pero en esta ocasión no todos iban a viajar con el mismo destino. Sus acompañantes, junto al equipaje, subieron a un vehículo que los iba a conducir de camino a la casa que habían arrendado junto al paseo marítimo de Santa Mónica, conocido como el *Ocean Front Walk*, en una lujosa propiedad llamada Blü Santa Monica que se habría de convertir en su residencia temporal por esos días. La propiedad, valorada en unos 3 millones de dólares, está situada en el número 11 de Terrace Place, con piso de roble francés, un lujoso comedor con una espectacular araña de cristales, una gran habitación principal en el último de los tres pisos, una gran cocina de estilo italiano, terraza enorme para contemplar las bellas puestas de sol y piscina.

Él, sin embargo, no tenía tanta prisa de tomar posesión de tan idílica residencia. Decidió tomar un carro aparte y un rumbo distinto. Tenía cinco días por delante para intentar descansar antes de la próxima cita en Inglewood. El único compromiso en esos días, aparte de alguna reunión puntual de negocios, era la grabación de un vídeo que estaba programada para el miércoles 24 que se presumía iba a ser dispendiosa, pero por lo pronto tenía dos días enteros por delante y no quiso dejar pasar más tiempo para reencontrarse con la persona con la que estaba experimentando una especie de terapia muy particular. La ruta del carro que lo llevaba tenía como destino otra casa diferente.

—Es posible que hoy no llegue—, dijo cuando se despidió de su compañero y sus asistentes. No había nada que objetar, sabían que cuando él solicitaba espacios de privacidad, debían respetarse. Era un trato innegociable.

En la más absoluta privacidad, al margen de sus más estrechos acompañantes y colaboradores, que desconocían su paradero, el cantautor fue a encontrarse con varias personas, entre ellas aquella que tan buena idea le había dado, la canción del adiós eterno. A él le gustaba nombrarla por el sobrenombre diminutivo de Gabo. Le evocaba a la segunda parte de su nombre artístico, el mismo nombre de su difunto padre que llevan casi todos sus hijos adoptivos. Algo de figura paternal o maternal, o ambas a la vez, debía ver en esta persona al hacer del sofá de su salón principal las veces de una especie de diván terapéutico donde busca desahogo y consejo. La prisa por ir rápidamente a reencontrarse con aquella persona estaba motivada porque había dejado muchas conversaciones pendientes cuando empezaron a hablar de la vida, la muerte y la eternidad.

Desde entonces se había dado a la tarea de investigar por su cuenta en qué consistía aquello de la tanatología. "Cuando deje de respirar, la muerte es lo único seguro que tengo", le había dicho años atrás a Ricardo Rocha en un programa de televisión, unos términos muy parecidos a los que había usado con Gabo, al que también dijo que para qué quería tanto si se iba a morir, justificando así que había perdido el interés en nuevos negocios e inversiones que le proponían. Conforme más avanzó en sus indagaciones, mayor era la ansiedad de saber más. Había leído:

Cerrar ciclos permite avanzar en la evolución espiritual. Si no cerramos un ciclo arrastramos a nuestro presente emociones provocadas por hechos del pasado, y esto puede provocarnos patrones de conducta que bloquean el bienestar. Si guardamos rencor a una antigua pareja, será difícil que nos vaya bien con una nueva, si guardamos rencor a un ascendente, nos dificultará la relación amorosa con los descendientes.

Para eso podía apoyarse en la meditación, lo cual le reconfortaba. Siguió leyendo:

Reconoce que el suceso que te incomoda simplemente ya ocurrió. No puedes hacer nada para cambiarlo ni para evitarlo. Lo que sí puedes hacer es aceptar las emociones que te provoca y dejar de juzgarte; reconocer que no te sientes bien es el primer paso en el proceso de un duelo y el cierre de un ciclo. Si el ciclo que quieres cerrar se manifiesta con demasiada intensidad en tu mente y en tu vida, al grado de imposibilitarte a tener una vida que te guste, considera recibir ayuda profesional.

Gabo era para él esa ayuda. Le llamó la atención un último párrafo: "Perdona, no busques justificaciones ni culpables. Perdona a todos los involucrados en el ciclo y perdónate a ti."

Tras esas averiguaciones se mostró con más ganas de profundizar en las pláticas, sabedor de que estaba ante alguien que ya había avanzado en la materia y podría ayudarlo a expiar algunos de los más impuros desasosiegos que lo atenazaban. Quería aprovechar el poco tiempo libre para prolongar esa catarsis. Tenía un hombro en el que apoyarse para vaciar y deshacer tantos nudos interiores, para empezar a cerrar eso que había leído llamaban ciclos o círculos: "Alberto, sabes que si hago esto es por ayudarte sin el más mínimo interés, a mí sólo me interesa que tú estés bien", le había dicho al despedirse aquel día y sonó tremendamente sincero. Recordó que la profundidad de la conversación había empezado a raíz de la pregunta de con quien estaba hablando, porque él, repitió varias veces, le iba a hablar con sinceridad y no iba a adular a Juan Gabriel, a él le interesaba solamente Alberto Aguilera.

Se volvieron a ver y se volvieron a abrazar. Los primeros comentarios del reencuentro aludieron otra vez al estado físico del artista, tal como había sucedido semanas antes. Gabo sabía que era casi hablar con una pared en este aspecto, que no era nada partidario de acudir a los médicos, que siempre había preferido la medicina alternativa y los métodos naturistas, pero buscaba la manera de hacerlo recapacitar e insistió. Su interlocutor no se encontraba cómodo con eso y buscaba siempre la misma muletilla para salir del paso y esquivar el asunto. Le dijo que había cumplido su promesa, que había ido a San Diego y a Sacramento, pero precisamente por eso es por lo que tenía que volver a decirle que estaba muy preocupado de cómo lo había visto.

—Estás demasiado subido de peso… Empezaste a subir de peso justo cuando Angelita dejó de atenderte.

—¿Cómo? Eso no es posible —decía alterándose un poco—. Además, esa mujer ingrata, con todo lo que me hizo…

—Estás muy equivocado y precisamente ese es un ejercicio en el que tenemos que empezar a trabajar, no creo que ella fuera ninguna ingrata, y en todo caso debes perdonarla. Mira nomás como te ves. Acuérdate de ella, pues ella no es que fuera dietóloga licenciada y lo que quieras, era una mujer de campo, pero te cuidaba muy bien, cuando ella estaba tú estabas bien, nunca te engordaste. Mira nomás ahora, la gente lo comenta, tu sobrepeso, tu mal estado físico. ¿No has considerado la idea de aplazar esta gira? De verdad, te veo muy mal…

—Me debo a mi público.

—Pero, ¿cómo que te debes a tu público, Alberto? Tú mismo dijiste que le reclamaste a Iván que no te cargara tanto la agenda porque te sentías cansado… Me platicaste de lo que te había aconsejado aquel doctor mexicano, que no tienes edad ni condición física para aguantar un ritmo de trabajo como éste. Ningún público está por encima de tu salud, mi querido Alberto.

La memoria de Gabo fallaba pero estaba probablemente aludiendo a Daniel Aquino Moncada, quien fue médico de Juan Gabriel, quien lo aconsejaba y le proponía hábitos naturistas que le habían dado muy buen resultado físico. Sus opiniones discrepantes con el modo de actuar de su paciente fueron públicas y notorias a raíz del fallecimiento. Primero que nada no estaba de acuerdo con la agenda tan cargada que estaba manejando. Afirmó que el cantautor andaba molesto con su hijo Iván porque se sentía sin fuerzas y el trabajo no hacía sino aumentar; se quejaba de que estaba muy extenuado, tenía la sensación de que no podría atender lo que se le venía por delante. Para Aquino, a quien tampoco le pasó inadvertido el hecho de observar cómo tenían que colocar sillas en el escenario para que pudiera hacer sus descansos, la planificación de la agenda fue una temeridad innecesaria considerando el estado de salud del paciente, y señaló al hijo y manager como la persona que hubiera debido considerar más esta circunstancia antes de organizar la gira: "Quien lo manejaba era Iván. Todo ese exceso de trabajo hizo que se acelerara este evento tan desagradable pero lo que sí me causa molestia es que si era necesario tanto trabajo, independientemente de los planes que ellos hayan tenido hablando de dinero, no tenían que someterlo a un ritmo tan intenso por la edad que tenía."

Lo cierto, y así se puso de manifiesto en la plática con Gabo, es que al margen de esas quejas, él siempre tenía la última palabra. Si estaba cansado y sin fuerzas era sólo cuestión de cancelar, nadie le iba a contradecir. Es inadmisible para personas que conocieron muy de cerca a Juan Gabriel y su relación con sus hijos, sobre todo con Iván, la teoría de que este pudiera imponer a su padre una agenda y menos todavía con el riesgo de salud que eso acarreaba. Aída Cuevas, cantante y gran amiga del autor e intérprete de "Si quieres", es una de esas personas. Se conocieron en 1982. Su amistad fue creciendo al punto de que él se convirtió en su paño de lágrimas tras un fracaso amoroso. Pasaban largas horas al teléfono y un día incluso Alberto le pidió que se casara con él, que estaba dispuesto a cuidar de ella y de su niño, que a su vez era su ahijado. Aída, que participó en su homenaje póstumo en el Palacio de Bellas Artes y en el *Latin American Music Awards* junto a Shaila Dúrcal y Lila Downs, sostiene una opinión muy diferente a la del doctor Aquino: "Iván era su consentido, era su mano derecha, yo vi cosas muy bonitas de parte de Iván, eso me consta porque yo estuve en la gira de Estados Unidos del 2014, precisamente cuando se puso mal en Las Vegas. Yo estuve con él en Chicago, en Houston, en Nueva York... Y yo veía a Iván siempre al lado de su padre. Recuerdo muy bien que cuando terminaba de cantar, "El Abuelo", un señor que tenía muchos años trabajando con él, lo recibía siempre con una toalla y una capa, porque sudaba mucho, y recuerdo muy bien a Iván que se le acercaba y le quitaba los zapatos a su papá y le colocaba unas pantuflas, y esas no son cosas de un hijo malo. Yo, a diferencia de muchas personas, sí pude ser testigo del amor que él le tenía a su hijo y del que su hijo le tenía a él. Yo lo que viví en el camerino y en las suites, en la convivencia de ellos, no fue la relación de un hijo que mandara al padre o que lo mangoneara, al contrario, lo trataba con mucho respeto. Lo que era cierto, y eso lo aprendí de él, es que Juan Gabriel era muy trabajador, no paraba, dormía cuatro o cinco horas diarias, no dormía, todo el día estaba produciendo, todo el día estaba dirigiendo. Eso es lo que a mí me consta, y era tan sabio que no creo que necesitara ni permitiera que nadie le dijera lo que tenía que hacer."

Si en el pasado había cancelado presentaciones por motivos menores, ¿por qué no hacerlo ahora por una razón de peso y fuerza mayor como era la salud? Esta es la pregunta que él no quiso contestar en aquellos días de terapia espiritual por mucho que Gabo le volviera a insistir en el asunto y que tampoco las personas que más íntimamente lo conocieron pueden responder. Al respecto, comenta Gigi: "Alberto no quería trabajar, lo que quería era descansar, ¿por qué no descansaba si quería descansar? Porque tenía sus compromisos que había adquirido su hijo, su manager, los compromisos con su publico... Yo no sé, porque cuando yo le hablaba y le decía que él tenía que descansar me respondía que no podía. Así nomás, *no puedo, tengo mis compromisos.* ¿Qué no está por encima la salud de los compromisos? Pues no sé cuáles eran esos compromisos para ponerlos por delante en importancia de su salud. Yo creo que él sabía que iba a morir porque uno siente su cuerpo, pero nunca me lo quiso reconocer."

No lo quería admitir pero daba pistas por todos lados de estarse preparando para el último viaje. De repente le entraron prisas inusuales para componer canciones a un ritmo nunca antes visto, por dejar cosas hechas, por mirar todos los escenarios posibles que podrían darse si él no estaba. Apremiaba al productor Gustavo Farías a grabar lo antes posible todas las canciones que habían seleccionado para los duetos. La gente que estaba a su alrededor, en su morada de Cancún, en su día a día y en el intercambio de mensajes se daba cuenta. ¿Era la crónica de una muerte anunciada? ¿Fue este el último acto irresponsable de Juan Gabriel que terminó definitivamente con Alberto? Una buena cuestión para reflexionar acerca de su doble personalidad y que veremos con más profundidad en el siguiente capítulo. Pero tomando en cuenta todos los gestos de los días previos se puede deducir un presagio, tal vez inconsciente, de que algo podía suceder. Su gran amiga Gigi lo sabía: "Yo sí esperaba la muerte de Alberto. Él estaba muy enfermo, mucho más de lo que la gente se imagina porque no todas las enfermedades que tenía las conocía la gente. Pocos días antes de morir hablé con él, me dijo que estaba cansadísimo pero tenía que trabajar, le dije que por qué no descansaba y me contestó una vez más que tenía sus compromisos. No entendía porque me decía que lo que quería era descansar pero no descansaba. Yo lo único que hacía era decirle que comiera sano, que se cuidara, que comiera perejil, y él decía que sí, que estaba comiendo perejil, pero luego no hacía caso, no se cuidaba tanto, comía demasiado chocolate, mucha tortilla, tenía descontrolada la alimentación. Cuando uno quiere a una persona como yo quería a Alberto, uno sabe que está enferma, pero cuando llega este punto que sabe de su muerte, uno como que no acepta, como que quiere renunciar a aceptar esta evidencia de la muerte."

Gigi tiene una frase más clara y directa: "Él presentía su muerte." Eso da sentido y lógica a las preguntas que de otro modo son difíciles de responder: "Él sabía que su cuerpo estaba muy enfermo y sufría de muchas cosas. Sufría fuertes depresiones sobre todo motivadas por su niñez, él tuvo una niñez muy mala y muy triste, con su papá muerto y su mamá con problemas de alcohol. Él me reconocía constantemente que sufría mucho por ello. Había veces que la sirvienta me llamaba para decirme que estaba muy mal, entonces yo tomaba un avión y me iba a Cancún y me quedaba dos o tres semanas allá, dormíamos juntos, hasta que él se encontraba mejor, y entonces me regresaba. Hablábamos mucho de la muerte, y él bromeaba, me decía que no quería morir en tierra gringa como él decía, que quería reposar en Parácuaro con su mamá y con su gente, y me decía que creía que yo iba primero, porque me preguntaba si quería que me incineraran, si quería las cenizas en Estados Unidos o en Brasil, yo sin embargo siempre pensé lo contrario, porque yo sí, estoy mayor, pero estoy saludable, mientras él estaba muy enfermo. Pero él no tenía miedo de la muerte, estaba preparado para morir, pero últimamente sí estaba muy cansado, muy enfermo, muy descuidado, tenía que hacer dieta y no la hacía, le gustaba caminar pero ya no podía porque se fatigaba al dar dos pasos. Yo que tanto lo conocí me daba perfecta cuenta de la diferencia y el deterioro que se estaba dando en su cuerpo y también en su cabeza. Él era budista, como yo, yo le introduje en el Budismo y por eso tenía tantos Buda en su casa, sueño con él, siento su presencia conmigo y estoy esperando su regreso, porque creo en la reencarnación como él creía, y creo que va a regresar."

Paco Fernández también piensa que su gran amigo era consciente de que podía morir en cualquier momento, y que el hecho de no priorizar la salud a la agenda de trabajo demuestra que no tenía miedo del final: "¿Muerte esperada? A la gente que queremos procuramos no pensar mucho en la muerte o en que les puede pasar algo. Yo no esperaba que él se fuera a morir así tan pronto y de esa manera. Es verdad que no se cuidaba mucho a veces pero, honestamente, no pensé nunca que eso pasaría, así tan rápido y repentino. Me enteré por una llamada de Laura, la mamá de sus hijos, antes de que se hiciera público en los medios, no me lo podía creer. Dejó un vacío enorme y difícil de llenar. Yo al que extraño es a Alberto, el amigo, un ser excepcional que estuvo conmigo en momentos clave de mi vida, porque a Juan Gabriel lo puedo ver en cualquier momento poniendo un vídeo."

Paco Fernández refrenda la teoría de que Juan Gabriel no estaba dispuesto a morir antes que Alberto: "El trabajo no lo mató, él se murió porque quiso, ya estaba cansado, era tan caprichoso y tan corajudo que probablemente decidió que ya era el momento. Él ya sabía que se iba a morir y hablaba de ello, es lógico. Ver por ejemplo que a pesar de su deteriorado estado de salud no se acababa de cuidar, los chocolates eran un vicio total para él y seguía abusando de ellos, ya ni le importaba su aspecto físico. Tuvo sin embargo una época maravillosa, cuando estaba volcado con el naturismo, aquí tengo una foto suya en Aruba que se le ve espléndido, se alimentaba con base en frutas y vegetales. Él de hecho no comía carne pero abusaba de otras cosas, principalmente del chocolate."

Ada Marín, una cubana también residente en Las Vegas, Nevada, es otra persona del círculo íntimo del cantante que sabía de lo delicado de su estado de salud, y sospecha que él presagiara su final, un final que perfectamente pudo ser el suyo debido al impactante efecto que le causó la noticia del deceso de su amigo.

Ada y Alberto se conocieron en 1998 a través de unos amigos por internet y se escribían prácticamente a diario. Un día se encontraron físicamente y la amistad se consolidó al punto que estuvo viviendo por temporadas en varias de las casas del artista, lo acompañó en las giras, en su avión. Estuvo en Parácuaro y también hizo amistad con Silvia Aguilera, su sobrina, que se desplazó a verla a Las Vegas sabedora del incidente que sufrió después de conocer el fallecimiento de su gran amigo. "Alberto me llevó a las cuevas en Parácuaro, donde hizo la canción "Catalina", que le dedicó a su hermana. Mi amigo era Alberto, un ser lleno de luz, un ser humano maravilloso, yo le daba mucha alegría, eso mismo me decía, siempre nos estábamos riendo, le encantaba que yo le bailara, nos sentábamos juntos a dibujar, de Juan Gabriel era sólo fan de sus canciones, de su música maravillosa que nunca voy a olvidar. Extraño a los dos, Alberto era mi hermano, Juan Gabriel era mi artista, fui fan de Juan Gabriel pero amiga de Alberto, es difícil separarlo."

Cuando Ada Marín se enteró por la televisión de la muerte de su amigo, sufrió una apoplejía, cuyas secuelas son notorias en la plática con ella. Salvó la vida gracias a Paco Fernández, amigo común. Al ver que pasaba el tiempo sin recibir llamadas de Ada, se decidió a ir a su casa. Tuvo que llamar a la Policía, que derribó la puerta y la encontraron tirada en el piso, así llevaba tres días a consecuencia del accidente cerebral que le produjo el *shock* de la muerte de Juan Gabriel. La trasladaron urgentemente al hospital, donde permaneció en coma por varios días, temiéndose por su vida. Afortunadamente se recuperó, ella cree que fue un milagro de Dios, pero todavía, al menos en el momento de la entrevista, con la finalidad de aportar datos a la recopilación de este libro, está muy delicada de salud y necesita cuidados, por eso vive temporalmente en la casa de su amigo Paco.

Más serenamente, recuerda que sí sabía que estaba muy enfermo: "Sí, su estado era muy malo, sufría del corazón, el azúcar, el colesterol, la presión… Yo sabía que estaba muy enfermito, pero la vida de él era su público y el escenario, y como él mismo me decía, era lo único que sabía hacer. Yo le decía que se retirara y lo dejara, pero él insistía en que no podía hacerlo, esa era su vida."

Pablo Castro es otra de las personas que creen en el presagio: "La última vez que lo vi, unos meses antes de que muriera, sí lo vi muy cansado, incluso él mismo lo decía y lo achacaba al fuerte ritmo de trabajo que tenía. Me pedía consejo de qué podía tomar para aliviar ese cansancio, decía que tenía que tomarse unas pastillitas, y en ocasiones le llevaba unas vitaminas naturales asiáticas, productos chinos, decía que le sentaban muy bien. ¿Que si no descansaba porque no quería o porque no podía? Pues él era muy responsable con su trabajo, cuando cancelaba era por salud porque no podía cumplir. Él podría haberse jubilado, vivir bien, disfrutar la vida, sin embargo no quería dejar de cumplir sus compromisos, y estos no cesaban, a un proyecto le sucedía otro. Se le saturaba la agenda pero quería cumplirla. Por necesidad económica obvio que no era, él tenía sobrada solvencia y tenía muchísimas propiedades, podía haber parado y retirarse."

Era tal vez lo más prudente que hubiera podido hacer tras el internamiento en Nevada que casi le cuesta la vida. Pablo recuerda: "A los pocos meses regresó, dio un concierto y me invitó. Pasé a saludarlo, estuve con él, me recibió a pesar de que había dado órdenes de que nadie pasara, pero a mí sí me dejó entrar. Le di un abrazo fuerte, un beso en la frente y otro en el cachete. Le comenté que cuando fui al hospital en Las Vegas me había dado mucha tristeza y que pensé que después de aquello iba a jubilarse. Él me contestó que no, que necesitaba seguir activo, que el trabajo y la música eran su pasión y sin ella no era nada. Así era, porque después de lo que le pasó se veía incluso más activo todavía. Sin embargo yo lo veía cansado, le comenté que sería bueno que se tomara unas largas vacaciones para ver si se restablecía completamente de salud. Me contestó que a lo mejor se las tomaba cuando terminara los contratos de trabajo. No sé si lo decía de verdad y no las tomaba porque los compromisos se sucedían uno detrás del otro o porque de pronto él mismo no quería parar por miedo a sentir un gran vacío. Hay muchas personas que cuando se jubilan caen en una profunda depresión pues dejan de estar activas. Posiblemente fuera su caso, y él, que tenía cuadros de depresión, se refugiaba en la hiperactividad. Él no le tenía miedo a la muerte. Porque él sabía perfectamente de sus problemas de salud, del colesterol, de la alta presión, del corazón... Sin embargo, no había momentos en los que no estuviera activo. Había veces que se dormía a las 6 de la mañana, y si tenía algún compromiso dormía tres o cuatro horas y seguía adelante." Pablo pronuncia una última frase clave: "Creo que le tenía más miedo a la depresión que a la muerte." En ella encontramos un argumento más a favor de la teoría del presagio.

6

la lista del perdón

A pocos días del que sería el último concierto de su vida, quedó claro que el tema de su salud no le hacía sentir nada cómodo y lo eludía como si no tuviera la menor trascendencia. Tenía pendiente una segunda operación de corazón para limpiar y abrir su arteria aorta, un nuevo *stent* coronario, pero nunca quería buscar una fecha para ello por muchas explicaciones que le daban de que sería algo sencillo, sin necesidad de invadir la zona, introduciendo el catéter por la axila. Daba lo mismo, sencillamente se negaba. Así que no respondió, no quería hablar mucho de su salud, quería ahondar en los pilares de la tanatología. Quería profundizar en los términos de cerrar círculos y quería que Gabo le ayudara. El primer paso que debía dar pasaba por una palabra fundamental: el perdón.

—Platiquemos de la tanatología, estuve leyendo sobre eso y me interesa mucho, en verdad quiero empezar ya a trabajar sobre ello.

—Alberto, me da gusto que hayas investigado y te hayas interesado en el tema, que te empieces a dar cuenta que tener a tu alrededor gente que sólo se dedique a adularte no te ayudará en nada como persona. Así que debes estar preparado porque yo ya te dije que no te voy a adular, todo lo contrario, te voy a recordar hasta donde yo sé las cosas malas que has hecho para que puedas hacer el ejercicio del perdón. Tú tienes más círculos sin cerrar que los aros olímpicos. Ha llegado la hora de empezar a cerrarlos.

—Quiero perdonar, creo que estoy preparado, y en lo que no esté seguro me puedes ayudar.

—Para terminar con un duelo hay que trabajar de verdad en el perdón. Hay que trabajar y perdonar con amor, en ocasiones esto es lo más difícil, porque a veces se perdona por interés o por quedar bien con la sociedad y eso no se vale, hay que perdonar de corazón con amor, voluntad y deseo. A lo largo de tu vida, Alberto, tú has hablado mucho de perdón, con amigos, en los medios, se te escuchaba constantemente hablar de perdón, sin embargo Juan Gabriel no ha dejado a Alberto perdonar de verdad a muchas personas, ahorita lo podemos ver, hay gente a la que no has perdonado. Perdonar es muy importante en el terreno de la tanatología para morir con dignidad, para morir satisfactoriamente. Pero primero debemos trabajar, debes trabajar mejor dicho, en algo que después te platicaré, en resolver el conflicto de tus dos personalidades. Ambas deben hacer las paces, deben quedar completa y absolutamente abiertas y separadas las dos facetas que conviven en ti, deben darse la mano Juan Gabriel y Alberto Aguilera para juntos en uno rendir cuentas al universo.

La conversación fue profunda. Llegaba la hora de poner en práctica el noble ejercicio del perdón en su doble faceta, en la de perdonarse, pedir perdón a las personas a las que se ha ofendido y en la de saber perdonar a quienes nos hicieron daño. Le mostró una nota de internet que hablaba de la necesidad de perdonar no sólo para mejorar la salud espiritual, también, de paso, con ello contribuiría a mejorar la salud física. Él se sorprendió, desconocía completamente este hecho, desconocía incluso los distintos rangos de salud del ser humano y cómo interactúan unos con otros, pero así es. Le mostró una cita de Mark Twain que encabeza un artículo de una revista médica: "El perdón es la fragancia que derrama la violeta en el talón que la aplastó." En ese artículo se hablan de los estudios científicos de prestigiosas universidades en los que se demuestra que las personas que son capaces de despojarse de rencores y perdonan mejoran físicamente en la salud del corazón y del sistema inmune, combaten mejor el estrés y evitan en mayor medida el dolor físico.

Le confesó que en cuanto terminara la gira iniciaría los preparativos para reunirse con las personas a las que había ofendido de cualquiera de las maneras, ya fuera creándoles deudas, ya fuera faltándoles el respeto, y con esas otras a las que guardaba rencor. Para ello acordaron realizar una lista improvisada. La lista la dividiría en dos apartados, uno para pedir perdón por haberse portado mal con ellas, por haber actuado con displicencia y arrogancia, y como consecuencias de eso, abusar de esta gente; en el otro enumeraría a todas esas gentes que él creía que quisieron explotarlo a él en cualquier sentido o se habían acercado a su vida por puro interés, no habían sido honestos y lo habían traicionado o engañado. A estas personas él estaba dispuesto a perdonarlas de corazón.

—No he debido ser tan rencoroso ni resentido como lo he sido con muchas personas. Le debo moralmente a muchas personas, le he quedado muy mal a muchas personas… Sí Gabo, sí, ha llegado la hora de buscar la paz y el perdón con todas ellas.

En ese momento, abatido y en amplia actitud de arrepentimiento, escribió un primer nombre para esa lista, lo hizo con las iniciales O.B.

—Por ejemplo con Olga…—, dijo Gabo al reconocer el nombre en alusión al público y sabido distanciamiento que tenía con la que fuera su gran amiga, la violinista y actriz Olga Breeskin, a quien guardaba un gran rencor por haber declarado en su contra en una demanda por una presentación que el artista no cumplió, manejada por un empresario amigo de Breeskin.

—Sí, Olguita, sí…—, asiente con resignación.

—Sí, sabes que no has sido justo con ella, eso de guardar rencor a las personas es algo que te carcome por dentro, ni siquiera la dejaste que te visitara cuando estabas hospitalizado en Las Vegas…

—Sí, sí... —vuelve a asentir mientras lleva sus dedos a sus ojos, está ya completamente entregado a desahogarse como persona—. Voy a ponerme en contacto con ella para concertar una cita y darle un fuerte abrazo. Tengo que reconocer que yo me equivoqué, la he tratado muy mal, como una traidora y he sido muy injusto con ella, estoy profundamente arrepentido de esto.

Gabo decidió proponer un segundo nombre propio y mencionó a alguien que sabía causaba una muy especial desazón en su amigo: Ralph Hauser, el promotor que murió de un ataque al corazón mientras hacía ejercicio cuando estaba en pleito con el autor e intérprete de "Siempre en mi mente". Hauser representó a Juan Gabriel muchos años, desde 1987, y fue testigo del crecimiento como artista y como ídolo del mexicano en los Estados Unidos. Una larga relación que terminó muy mal, con un conflicto jurídico que incluso lo amenazó con prisión por fraude fiscal, le prohibió temporalmente en su momento subirse a un escenario en territorio estadounidense y todo concluyó con la condena de pagar 2 millones de dólares a Hauser Entertainment y la obligación de hacer 45 presentaciones para cumplir el contrato. Un calvario para el Divo de Juárez.

Y eso que inicialmente había sido él quien había demandado al empresario por fraude y estafa reclamando que le debía varios millones de dólares de conciertos que no había cobrado. Le reclamó también no haber pagado los impuestos de varios años en los que trabajaron juntos y ese dinero ahora se lo estaba cobrando el I.R.S., pero Hauser lo contrademandó acusándolo de fraude, de que le debía 3 millones de dólares y que había roto de manera unilateral un contrato de 10 años que vinculaba a ambos hasta el año 2008 (el conflicto estalló en 2002).

El caso es que el asunto se ensució hasta tal punto que provocó un sinfín de dolor, daños y perjuicios, un profundo distanciamiento, odio y rencor en Juan Gabriel, que no quería ni oír hablar de Hauser, cuando lo hacía encolerizaba y era capaz de cualquier cosa, por eso no había nadie que se atreviera a sacarle a colación el nombre del difunto exrepresentante.

—¿No crees que ha llegado el momento de cerrar ese círculo, Alberto? Mira en el interior de tu corazón, todavía hay mucho odio, mucho resentimiento, hay remordimiento también por aquellos momentos de orgullo, muchos son los que han ido diciendo por ahí que Hauser no aguantó la presión de aquel pleito… Y aquí entre nos, ¿tú tenías razón con lo de los impuestos? ¿Le preguntamos a Silvia Urquidi?

Aquel fue un silencio envuelto por el rostro del artista que hablaba por sí solo. El divo se despojaba de su caparazón dejando al desnudo al ser humano. Reaccionaba con humildad, compunción y arrepentimiento ante la mención del que en su momento fuera uno de los más conocidos promotores de la música latina en Estados Unidos. En ese momento tan íntimo sale a colación otro nombre propio. Juan Gabriel escribe las iniciales S.L.

—¿Sonia, verdad? Me parece muy bien Alberto, a Sonia no la puedes dejar fuera de la lista—, apuntó Gabo.

—Sí, quiero hablar también con Sonia, ya había pensado en ella, fui muy ingrato. Ella creyó en mí y apostó por mí para presentarme por primera vez en el Gibson Amphiteatre cuando nadie creía en esos momentos en artistas mexicanos y latinos en aquel lugar, y consiguió la manera, convenció a los dueños. Después de eso, y por culpa de mi irresponsabilidad, no le cumplí las fechas que había apalabrado con ella y le hice quedar mal, le incumplí, creo que no hay más excusa que haber actuado con arrogancia así tuviera yo motivos bien pesados para hacerlo, pero creo no fui justo con ella y me arrepiento por ello.

El cantautor se refería al desplante que le había hecho años atrás a la empresaria Sonia de León, de Sonia de Leon Productions, empresa que manejaba con su hija Carla de León y que efectivamente hizo fuerza por Juan Gabriel convenciendo a los dueños para llevarlo al mítico teatro de Universal City en una época que parecía difícil hacerle hueco a otro género que no fuera el anglosajón. Recordando esa parte de la plática, Gabo dijo conocer esos "motivos bien pesados" por los que se rompió aquella alianza empresarial aunque prefirió no revelarlos. En todo caso, cantar en el Gibson era un plus

para cualquier artista y era motivo de sobra para estar agradecido. Este auditorio había sido anfitrión de grandes estrellas del pop y el rock internacional
desde su apertura en Universal Studios en 1972 hasta su cierre en el año
2013. Por allí pasaron mitos como Frank Sinatra, Bob Dylan, David Bowie,
Madonna, Stevie Wonder, Eric Clapton, Mariah Carey, Elton John, James
Taylor, Shakira, The Eagles, Fleetwood Mac, Beach Boys o Julio Iglesias, entre otros. El cantante español, que había logrado hacer con éxito el *crossover*
musical para conquistar el público americano de habla inglesa, logró en los
años 80 encadenar 10 *sold out* en este recinto.

Aparte de Juan Gabriel, entre los artistas latinos que desfilaron con
éxito en el Gibson están Luis Miguel, Pepe Aguilar, Marco Antonio Solís,
Rocío Dúrcal, Celia Cruz, Ana Gabriel, Jenni Rivera, Selena o Jaguares.

La lista se engrosó con dos iniciales más: R.D. No le costó mucho a
Gabo reconocer tras esas iniciales a María de los Ángeles de las Heras, a
la que familiarmente llamaban Marieta pero que el mundo entero conoció
como la gran cantante que era, probablemente la mejor intérprete que tuvo
Juan Gabriel, Rocío Dúrcal, fallecida el 25 de marzo de 2006 a los 61 años,
tras una agonía motivada por una larga enfermedad. La ausencia de todo
tipo de comunicación de su parte desde el diagnóstico hasta la muerte de
la madrileña, que era conocida como la española más mexicana, no pasó
inadvertida para la prensa española ni para la azteca.

Juan Gabriel conoció a Rocío Dúrcal a mediados de los años 70 cuando ella probaba suerte en México. La compañía de discos Ariola organizó
una comida para que los artistas se conocieran, allí estaban también, entre
otros, Camilo Sesto y José José. El flechazo fue rápido. Él ya la admiraba
de sus trabajos en el cine, y le propuso algo que en principio le creó inse-
guridad pero que a la postre, con el consejo favorable de su esposo Junior
y la ayuda de grandes profesionales, sería el gran punto de inflexión en la
trayectoria de Marieta: la internacionalización de las rancheras.

Rocío Dúrcal canta a Juan Gabriel, publicado en 1977, fue la primera de seis entregas que marcaron un hito en la industria, con un le-

gado inmortal de canciones tras una década de alianza musical y amistad íntima. Entre los temas están las inolvidables "Me gustas mucho", "Fue tan poco tu cariño para mi" o el mítico "Amor eterno". *Siempre* fue el séptimo álbum tras la serie *Rocío Dúrcal canta a Juan Gabriel*, luego hubo un recopilatorio en 1987, *Rocío Dúrcal canta 11 grandes éxitos de Juan Gabriel* (hubo otro parecido en 1982, *Rocío Dúrcal canta lo romántico de Juan Gabriel*) que fue el final definitivo de la alianza hasta su efímero reencuentro en 1997 con el disco *Juntos otra vez* que en modo alguno fue una reconciliación ni recuperó la vieja amistad truncada once años antes.

—Tengo una plática pendiente muy profunda, cuando coincidimos en Las Vegas, le dije a Shaila que los hechos valen más que las palabras. Le regalé las grabaciones inéditas que yo tenía de Marieta, pero por las cosas que yo hice o dije en su momento me gustaría darles un fuerte abrazo y pedirles perdón. Marieta se equivocó conmigo pero yo también hice cosas terribles que no debí hacer—, aceptó en actitud humilde llevándose los nudillos de ambas manos a los ojos, sin que la persona que lo escucha reaccione en esos momentos.

Gabo no se atrevió a hacerle la pregunta que quería hacer. ¿Aquella enormidad de chisme que aireó Joaquín Muñoz sobre una presunta infidelidad del esposo de Rocío, Antonio Morales, más conocido como Junior, con Juan Gabriel, sucedió o fue sólo una estrategia amarillista del polémico exsecretario para promocionar su libro? ¿Era una de las "cosas terribles" a las que se refería? Un íntimo amigo común le había comentado muy confidencialmente que sí, que el autor e intérprete de "Yo no sé que me pasó" entraba dando gritos cada vez que llegaba a la casa del matrimonio Morales de las Heras en Madrid, medio en serio medio en broma, diciendo que dónde estaba "su marido", que esto empezó a tornarse en una broma pesada que la cantante encajó cada vez peor y la broma pudo haber terminado muy mal con una descarada "aventada de perros" que lógicamente crearon una grieta profunda en la relación entre ambos. Junior falleció el 15 de abril de 2014, seis años después de la muerte de su esposa, una muerte que le afectó enormemente y que según todos sus allegados nunca logró superar. Un íntimo amigo suyo, madrileño, nos confesó que Antonio jamás le pudo perdonar a Juan Gabriel su ausencia en la enfermedad, muerte y funerales de Marieta. Tampoco hubo rastro del Divo de Juárez en el velatorio del exintegrante de Los Brincos y del dúo Juan y Junior, en el que sí se dieron cita numerosas personalidades muy conocidas del mundo del espectáculo.

Quiso preguntárselo directamente, incluso citarle la fuente por la cual tenía esa versión de los hechos, pero dejó la cuestión como para más adelante sin saber que ya no tendría jamás oportunidad de formularla. Hemos contrastado esta versión con aquel "íntimo amigo común" sudamericano, cuya identidad prefiere reservarse y podemos afirmar, al menos para evitar especulaciones, que esta persona es alguien completamente ajeno a Joaquín Muñoz y su entorno. Dicha fuente señaló este coqueteo como una de las causas de la ruptura entre ambos artistas sin dar mayores detalles sobre lo que realmente sucedió. Se limitó a confirmar que "algo pasó", sin especificar qué es lo que sucedió, si fue culpa de Juan Gabriel, o de Junior, y cuán lejos llegó aquella broma, que sí confirmó, de cuando el Divo de Juárez preguntaba a gritos "¿dónde está mi marido?", pues así entraba en aquella casa. La prensa española se hizo eco. El popular programa de Antena 3 TV *¿Dónde estás corazón?* difundió el controvertido asunto mostrando unas polémicas fotografías en las que se veía al esposo y al amigo de Rocío Dúrcal en actitudes cuanto menos ambiguas. Pasara lo que pasara, estimamos pertinente contarlo para enmarcarlo en el contexto de un profundo y sincero arrepentimiento, en esa lista del perdón de un hombre que cometió errores pero también llegó a tiempo de reconocerlos y querer superarlos, de ahí su acercamiento a Shaila.

Shaila Dúrcal, cantante e hija de Marieta, reconoció que nunca supo "por qué se pelearon teniendo como tenían los dos un carácter tan lindo". El motivo de la pelea que Shaila decía desconocer, o al menos uno más, hay que buscarlo en unas intervenciones públicas de Rocío Dúrcal que a

Juan Gabriel le parecieron sumamente ingratas y le activaron su lado más arrogante. Todo surgió a raíz de una canción del séptimo disco que el Divo de Juárez había hecho para su amiga Rocío, con el título genérico de *Siempre*. El 7 era un número cabalístico de Juan Gabriel y lo incitaba a cerrar etapas, pero el sentido común invita a pensar que ni esto ni el pleito que mantenía con la disquera Ariola que impedía a Rocío grabar temas suyos hubieran sido motivos de una pelea tan estruendosa. Lo cierto es que aquel séptimo disco, producido en 1986 por Juan Gabriel, incluía una canción, "La Guirnalda", que hablaba de Puerto Vallarta y cuyo éxito y popularidad lo convirtió en un gran elemento publicitario que aumentó el flujo turístico en la bella ciudad jalisciense del Pacífico mexicano. Las autoridades locales quisieron tener un gesto de agradecimiento por todo ello y le entregaron a Rocío Dúrcal una guirnalda de oro a modo de homenaje y un premio de 30 millones de pesos mexicanos de la época a través de la Secretaría de Turismo de México. En todo aquel ambiente de reconocimientos, la intérprete no mencionó jamás al compositor como parte de ese éxito, no hubo ni un solo crédito y ni una sola alusión a su mérito en la canción, y eso molestó profundamente al autor, cuyo orgullo entró en erupción.

La cosa no terminaría en la omisión de los méritos del compositor en público. Hubo otro incidente que acabaría trascendiendo en los medios de comunicación. Visiblemente enojado por todo ello, Juan Gabriel quiso filmar con medios propios el *making off* del videoclip de "La Guirnalda" que se grababa en Puerto Vallarta para reivindicar su indudable protagonismo. Sus cámaras fueron vetadas por la propia Rocío de malas maneras.

Aquello alimentó más la teoría de una causa grave previa que justificara el repentino comportamiento, si se quería hasta grosero, con la gente del que se suponía era no solamente su productor y valedor, sino también su gran amigo. ¿Por qué borró Rocío a su gran amigo de esa manera? No parecía lógica esa actitud tan sumamente ingrata hacia la persona que después de 10 años había transformado su carrera del modo que lo hizo el Divo de Juárez.

La abrupta ruptura hizo una grieta cada vez más grande. Se suspendió una gira internacional conjunta y la arrogancia y el rencor fueron aumentando de ambos lados, llegando al extremo de tornar en guerra personal lo que hasta ese entonces había sido una íntima amistad. El tiempo se encargó después de aliviar al menos las heridas. Empezaron a intercambiarse cartas y una vez que coincidieron en Monterrey, ella se le presentó en mitad de un show por sorpresa. Le pidió disculpas públicamente en ese escenario regiomontano. Pero nada volvería a ser como antes, a pesar de la imagen que escenificó el disco de reencuentro *Juntos otra vez*, con sendos conciertos conjuntos en Acapulco y Jalisco, con momentos estelares como los que muestran en la puesta en escena y la letra a dueto de "El Destino":

(RD): ¿Me quieres?

(JG): Te quiero (...) ¿Y tú, me quieres?

(RD): Te quiero, aunque muy poco nos vemos, desde que nos conocemos, yo te quiero y también te extraño...

La propia cantante española, quien reconoció sus equivocaciones pero jamás habló del porqué de la ruptura, declaró lo siguiente: "La nuestra era una relación de mucho cariño, nos intercambiábamos cartas y confidencias, en España mi casa era su casa, en México la suya era la mía. Él es un hombre duro de carácter, no sé si es por eso que tuvimos problemas y que no nos pudimos reconciliar. Él ha seguido su camino y yo el mío, y estoy muy ilusionada con este disco", señaló cuando se le volvió a preguntar por Juan Gabriel en el transcurso de la presentación del disco *Entre tangos y mariachi*, producido por el argentino Bebu Silvetti, que tuvo lugar en su residencia de Torrelodones, a las afueras de Madrid, en la primavera de 2001, cinco años antes de morir, presentación en la que Javier León Herrera estuvo presente. Ningún disco posterior logró darle el éxito y las cifras que le dieron los que hizo con el autor de "No lastimes más".

Relacionada con aquel intercambio de casas al que se refería la cantante, hay otra anécdota que menciona la periodista regiomontana Idalia Barrera, que más allá de su trabajo, entabló una gran amistad con el Divo de Juárez a lo largo de 32 años: "Manteníamos una hermosa amistad. Estábamos en contacto permanente por email. Lo entrevisté muchísimas veces y nos hicimos muy amigos. En ocasiones nos veíamos en Monterrey, ahí mismo llegaba, casi siempre me hablaba desde el hotel Ancira, su favorito, para que fuera a verlo. Me buscaba y me decía que era nomás para platicar, no para que publicara nada, que le guardara sus secretos. De hecho me dijo varias veces que escribiera un libro sobre él."

En nuestra plática con Idalia abordamos el divorcio artístico con Rocío Dúrcal: "Me confesó que en una ocasión estando en el departamento muy humilde de Rocío, en España, pasó algo que lo desilusionó. Rocío había salido de noche con amigos y Alberto se había quedado en el departamento y se durmió en un sofá. Ya en la madrugada llegó Rocío con los amigos y lo vieron ahí dormido y se pusieron a burlarse de el. Alberto se dio cuenta y dice que eso le dolió mucho, se la pasó toda la noche llorando porque no podía creerlo de Rocío, después de que él la estaba ayudando. La relación entre ellos se fue deteriorando con el tiempo."

Dicen que ese mismo tiempo también es el que lo cura todo. De ahí el cambio de actitud de las partes implicadas. Shaila, con la muerte de su madre muy reciente, fue dura cuando se le preguntó si cantaría en el programa de conciertos que Juan Gabriel tenía previsto ofrecer en México con motivo de sus 35 años de carrera artística. Ella lo negaría luego, pero la prensa lo publicó: "No me interesa. No quiero hablar de ese desgraciado. Mi mamá se fue muy dolida por lo malo que le hizo. Toda la familia está muy lastimada por las actitudes que tuvo con mi madre. Será un gran artista pero como ser humano no vale nada", dijo resentida sin sospechar tal vez que esas palabras trascenderían a la opinión pública. Con el bálsamo del tiempo, la joven cantante cambió el tono de sus palabras: "No creo que mi madre tuviera ningún rencor con él."

Tal como Alberto recordaba a Gabo, con motivo del homenaje que la Academia Latina de la Grabación le rindió en Las Vegas, en el año 2009, como Persona del Año, le regaló a Shaila un dispositivo con temas cantados por su madre que nunca fueron publicados. Ella se mostró inmensamente agradecida y más tarde reconocería: "Esa caja contenía un disco duro con temas inéditos de mi mamá, me dijo que eso debía quedarse conmigo y es algo tan maravilloso porque la voz de mi madre se escucha joven, es como un abrazo."

Más pruebas de la reconciliación fueron su intervención junto a Aída Cuevas y Lila Downs en el homenaje póstumo que se le brindó a Juan Gabriel en septiembre de 2016, en el marco de los *Latin America Music Awards*, junto al Mariachi de mi tierra, con la dirección de Eduardo Magallanes; y su participación con una canción para la serie de discos de los duetos.

Alberto creía que ese círculo no se había cerrado del todo a pesar del emotivo encuentro con Shaila en 2009 y de sus propios detalles posteriores, como el de rechazar la versión del tema "El destino" que Yuridia grabó para *Los Dúo III* tal como reconoció el propio productor Gustavo Farías: "Se puso a llorar cuando le mostré la grabación, me dijo que le dijera a Yuridia que estaba muy bonita pero que lo entendiera, no podía grabarla con ella por una cuestión sentimental, ese era un dueto que debía ser inmortal con Rocío Dúrcal, así que le buscó otra canción a ella."

Reconoció a Gabo su profundo arrepentimiento por "las cosas terribles" que sucedieron, de las que sólo mencionó tres: primero su ausencia en los funerales de Marieta, no asistió a la misa que se ofició en Madrid ni al homenaje que se le rindió en la catedral de México, aduciendo compromisos profesionales en Estados Unidos, toda su manifestación de condolencia se limitó a una nota que se colgó a modo de comunicado en su sitio web de internet y a unas palabras en plena gira de celebración de sus 35 años de carrera, cuando dijo: "Compartí con ella lo mejor de mí, mis canciones, y ya ven, todos son recuerdos, nada más. El 25 de marzo empezó la leyenda de la señora Dúrcal. Un amor eterno. Gracias por haber nacido y compartir mis canciones y tantas cosas, pero una amiga como tú es para siempre."

Segundo, mostró más arrepentimiento por no haber llamado siquiera a preguntar cómo estaba cuando se agravaba su estado de salud y, tercero, por aquella famosa grabación en un estudio de Los Ángeles cuando se le captó en *off the record* insultando a Rocío y a la totalidad de los españoles, en un tono además ofensivo, soez y arrogante. El comentario fue motivado por una pregunta coloquial que una de las personas presentes le hizo acerca de si le produciría un nuevo disco.

Quería un nuevo encuentro con la hija de su amiga para desahogar su profundo pesar y su perdón, borrar cualquier resquicio de rencor que él le hubiera guardado con la pócima del verdadero arrepentimiento. Volvió a llevar los nudillos de ambas manos a los ojos, suspiró profundamente y echó mano otra vez de ese pedazo de papel que empezaba a acumular iniciales.

Alberto Aguilera Valadez anota cuatro nuevas letras en la lista: A.M. por un lado y J.S. por otro.

—¿Quién es A.M.?

—Angélica María.

—¿Qué pasó con ella?

—Al rato te platico.

—¿Y J.S., qué onda, Alberto? ¿Jesús?

—Sí.

—A este debemos perdonarlo los dos —dice Gabo—. Yo tampoco debería sentir lo que siento, pero solo tú puedes decir, si quieres hacerlo, por qué no lo sacaste en su día de tu vida, por qué aceptaste todo lo que él te propuso. Creo sinceramente Alberto, en mi modesta opinión, que Jesús ha sido el personaje que más negativamente ha influido en tu vida, y respeto si tú tienes otra opinión, pero por algo lo estás anotando en la lista…

El cantautor no pudo reprimir las lágrimas cuando escuchó ese nombre y rememoró algunos de los episodios de su biografía a los que estaba aludiendo Gabo. Por su mente pasaron, como si de una ráfaga cinematográfica se tratara, una serie de secuencias vividas pero prefiere no ahondar en ninguna de ellas, solamente tenía y quería limitarse a trabajar en el acto del perdón.

Jesús Salas fue durante muchos años representante de Juan Gabriel y pasó a ser cuñado de facto para toda la vida, pues es a su vez hermano de Laura Salas, quien fuera pareja de hecho de Alberto, nunca esposa, y madre de los cuatro hijos que conforman el núcleo familiar de los Aguilera Salas. Ni Jesús ni cuantos llevan el apellido Salas gozan precisamente de mucha simpatía en el entorno del autor e intérprete de "Yo te perdono", hecho que se puso de manifiesto especialmente después de su fallecimiento, donde fue evidente el enfrentamiento con el resto de la familia Aguilera que no pertenece al clan Salas. En Ciudad Juárez, por ejemplo, fue polémico el hecho de que el hermano carnal del artista, Pablo Aguilera, no pudiera entrar a ver sus cenizas. Tampoco se les permitió el acceso a Alberto Aguilera Jr. ni a Silvia, una sobrina. Todos ellos, así como otras fuentes consultadas para esta narración, señalaron a Jesús Salas como responsable de aquellos desplantes, que se repitieron en el Palacio de Bellas Artes, aunque esta vez, el hermano Pablo, recién operado del corazón, prefirió no asistir para evitar el estrés de la situación, que pudo afectar su débil estado de salud.

A Jesús Salas lo señalan todas estas fuentes, también Gabo, como la más grande influencia en la vida privada de Juan Gabriel, y todos sustentan el aspecto presuntamente negativo de sus intervenciones. Lo apuntan también como autor intelectual de todas las decisiones tomadas por su sobrino Iván, durante los últimos años de carrera del divo, en los momentos críticos del fallecimiento, en el protocolo post mortem, en el destino de las cenizas del artista, incluso en la gestión de la vasta y rica herencia dejada por el autor e intérprete de "No tengo dinero", pieza musical cuyo título en este caso se presta a la más fina ironía. Con semejante señalamiento, nos interesaba conocer la versión del propio Jesús Salas y con tal motivo lo buscamos, pero no obtuvimos respuesta de su parte.

La poca popularidad que tenía Jesús Salas en el entorno del cantautor, también notoria en algunos foros de fans, la corroboran testimonios desgarradores como el de Yolanda Moreno, humilde anciana que fue por casi tres décadas ama de llaves de un rancho en San Miguel de Allende, propiedad de Juan Gabriel. Según sus palabras, que se quiebran continuamente por el llanto y el miedo, Jesús Salas la desahució de dicha propiedad: "Él, junto a Iván y su esposa Simona, habían decidido que me tenía que ir." La señora, visiblemente compungida, aseguraba en su testimonio: "Jesús Salas manipulaba al señor, ahora siento que manipula al sobrino y yo le tengo miedo, le tengo mucho miedo a Jesús Salas porque manda a amenazar a la gente", acabó diciendo mientras rompía a llorar de nuevo en el programa *Un Nuevo Día*, de Telemundo.

El productor musical, Gustavo Farías, a quien tampoco le inspira simpatía, cree que el papel que representó Jesús Salas en la vida de Juan Gabriel es muy controvertido. Farías comenta que no entiende ni a Salas, ni a su sobrino Iván ni a Simona, la esposa de éste, en decisiones que se han tomado de difícil encaje tanto con la voluntad declarada en vida por el cantautor como con la intención de preservar la memoria de éste, por ejemplo, la demora en la publicación del disco *Los Dúo III*, que está bloqueada pues es inviable sin la autorización del heredero universal.

La periodista Idalia Barrera sabe del distanciamiento que hubo durante un tiempo entre Jesús Salas y Alberto Aguilera: "Salas se metía mucho en su vida personal. Alberto me dijo que se sentía engañado, traicionado por Jesús Salas. En los últimos años sí se veían pero ya no era lo mismo, creo que Alberto tenía mucho resentimiento con Jesús."

Esta última frase de Idalia justifica el hecho de que lo incluyera en esta lista del perdón.

7

dos almas no caben en un cuerpo

Hubo un largo silencio después de que las iniciales J.S. fueron escritas en el papel. En aquel momento pasaron por su mente tantas y tantas personas que habían desfilado a lo largo de su vida, y la sensación era de angustia, de vacío, de pensar que casi todos ellos se habían cruzado por puro interés con el personaje sin hacerle nunca caer en una reflexión, en una ayuda, en un desahogo del ser humano como el que estaba experimentando en ese momento, sin saber por qué ahora, o por qué allí en California, sin entender por qué envuelto en un aire de nostalgia, por qué con una especie de llamado espiritual para repasar y resarcir todos esos círculos que daban y daban vueltas atormentando su alma.

—Todos me piden y nadie me da —dijo escuetamente, luego prosiguió—. Tienes toda la razón, lo vengo pensando de hace tiempo. Sé que le he hecho daño a muchas personas y no he sido capaz de reconocerlo ni de hacer nada al respecto.

—El problema tuyo, Alberto, sigue siendo que eres una persona con un solo cuerpo pero con dos personalidades, por eso te pregunté el primer día con quién estaba hablando, porque a mí me interesa ayudar a Alberto, al ser humano. Una amiga psicóloga me dice que es lo que se llama un Trastorno disociativo de identidad y pienso que deliberadamente lo has sabido usar a lo largo de tu vida para manipular a muchas personas que creían estaban manipulándote a ti. Está claro que en las dos personalidades que tienes una es la que más ha gobernado a la otra, y es muy posible que una de ellas a veces no ha podido ser consciente de lo que pasaba.

—¿Trastorno? Suena medio feo, yo el único trastorno que he podido tener en mi vida ha sido por amor a la gente.

—Sí, yo lo sé mi querido amigo, tú eres un ser lleno de amor, aunque es Alberto el ser divino al que yo amo profundamente, pero a Alberto lo ha solapado muchas veces Juan Gabriel, y creo que tú has sido consciente de ello... —hizo una pequeña pausa, esperó una respuesta que no se produjo y en su lugar apareció un gesto pensativo, un amago de suspiro, un gesto de receptividad del autor e intérprete de "Dios te bendiga mi amor". Luego de unos segundos prosiguió.

—Dos personas viven en ti, Alberto, una es la que tengo aquí delante, en actitud humilde y receptiva, y Juan Gabriel, el famoso cantante y compositor que conocen y adoran millones de personas en todo el mundo. No sé con cual de las dos es que vas a hacer un pacto con la muerte, porque el día que mueras físicamente dejarán de respirar las dos. Juan Gabriel ha impedido muchas veces que saliera el hombre que es Alberto Aguilera, un hombre adorable, lleno de amor, el mejor amigo de sus amigos, campesino, sencillo, noble, un hombre regular, normal, como era tu mamá, desinteresada de si tenías o no una mansión, de si tenías o no fortuna. Un hombre enamorado, capaz de aventarle los perros a las mujeres... ¿Y qué pasó? Que pronto aparecía el personaje de Juan Gabriel en el escenario y en el medio artístico, el Juan Gabriel que yo he visto cómo se le queda mirando a los hombres diciendo "¡ay qué guapo!", en contraposición al hombre que iba a su pueblo, donde era sólo Alberto y no hacía esas cosas, la gente del pueblo lo percibía como un hombre normal y nadie lo veía ni como el famoso ni mucho menos afeminado. Pero que luego se regresaba y volvía a su personaje, que actúa de otro modo y dice que lo que es obvio y se ve no se pregunta cuando le cuestionan sobre su inclinación sexual, un personaje que sigue presentando la batalla a Alberto para dejar ver a un hombre arrogante, prepotente, que siempre cree tener la razón, que se puede dar el lujo de ser irresponsable a veces con las cosas que hace...

—Pero es que yo no puedo dejar de ser Juan Gabriel...—, interpeló como queriendo adoptar una vez más el papel superior que bloquea al ser humano que hay dentro.

—Sí, y Juan Gabriel cree que está por encima de la gente, que las personas siempre le deben pedir disculpas a él y que hace lo que se le viene en gana, ¿o acaso ya no te acuerdas la primera vez que te presentaste aquí en Estados Unidos cuando te contrataron? Cumpliste una fecha y dejaste pendiente un chingo de fechas más. Y además Juan Gabriel, en contra de lo que es Alberto, se muestra rencoroso con muchas personas... ¿Te vas a quedar con esa parte del personaje que sigue rencoroso con su mamá porque cree que no lo atendió y no lo cuidó, o prefieres al hombre comprensivo que la perdonó si se equivocó y le dio todo el amor del mundo y le compró la casa en la que ella había servido? ¿Te vas a quedar toda la vida así sin perdonar, Alberto? —él escuchó callado y cada vez más afín a la conversación, asintió con la cabeza, por momentos sus ojos empezaban a brillar de más, a aguarse—. Tus dos personalidades han estado siempre y están en un conflicto terrible y permanente, si no lo solucionas, esos círculos estarán dando vueltas siempre como un rehilete sin dejarte descansar y vivir en paz. Dos almas no pueden vivir en un mismo cuerpo, no disfraces el alma verdadera de Alberto con los abanicos de Juan Gabriel. Si me preguntas, creo que ese trastorno nació en el momento en que tu mamá te dejó en aquel orfanato.

A Virginia Valadez no le dio mucho tiempo de saborear el éxito de su hijo. Falleció el 27 de diciembre de 1974. Aseguraba haber hecho canciones como "Lágrimas y lluvia", "Mis ojos tristes" y "Amor eterno" en su memoria, (Gabo asegura que la verdadera inspiración de esta última fue un romance), pero como bien le estaban haciendo saber en ese momento, no había podido alcanzar una paz verdadera en su corazón por todo cuanto sucedió en su niñez.

—Nunca pude entender por qué a mis hermanos no y a mí sí…

—¿Ves? Todavía te sale ese pensamiento, todavía te encierras en la casa con llave como hacías de pequeño traumatizado para no volver al orfanato y quedarte con tu mamá, ese pesar que te ha postrado a veces en depresiones y crisis existenciales, y no mi querido amigo, tu mamá sí te quería, tal vez tardaste mucho en darte cuenta de eso, no te dejó en el orfanato porque no sintiera amor por ti, sino porque pensaba que ibas a estar mucho mejor y tendrías más oportunidades, y en lo que se pudo equivocar, si es que se equivocó, como todos nos equivocamos, tienes que perdonarla. Y mira cómo son las cosas, que preciso allí conociste a Juanito, la persona que iba a marcar tu vida y tu carrera, que te iba a descubrir la música para que tú descubrieras tu talento. Creo que al día de hoy no has cerrado ese círculo, y hay que cerrarlo, Alberto, es vital para que puedas alcanzar la paz interior completa.

—¿Círculos de qué?

—Bueno, acuérdate lo que platicamos, círculos o ciclos, como prefieras, así lo llaman en tanatología. Son círculos que arrastramos durante toda nuestra existencia, tú arrastras el de pensar que tu niñez fue una desdicha, el de tu mamá, el de muchas de esas personas de la lista… Porque has estado casi siempre rodeado de personas que de algún u otro modo han querido sacarte un provecho, les interesaba sólo el artista, el cantautor… Pero no has tenido tantas que se hayan preocupado por el ser humano. No has tenido muchas personas a tu alrededor que hayan sido capaces de decirte la verdad sin interés alguno, casi todo el mundo del que te has rodeado lo que ha hecho es sólo adularte. Me pregunto cuántos de los que tú crees que son o han sido tus amigos de verdad han sido capaces de decirte tus defectos, de reprocharte tus cosas malas para ayudarte tal como estamos haciendo ahorita. Sé que muy poquitos, si los hay, porque les hubiera dado pavor que los hubieras mandado a la chin…

Él reflexionaba concienzudamente como quien confirma la veracidad de lo que está escuchando. Recapacitaba de las cosas malas que hizo en nombre del famoso cantautor. Buscaba entre sus más íntimas amistades que le venían a la cabeza quién realmente hubiera sido capaz de enfrentarlo y decirle las verdades, aunque estas dolieran, para que él hubiera podido rectificar. Era en verdad la hora de cerrar todo. Estaba a tiempo. Quería y estaba dispuesto a limpiar su alma y despojarla de ese disfraz folclórico que pertenece a una personalidad distinta a la suya verdadera como ser humano.

Gabo le dijo que tenía que dejar de pensar por qué su mamá nunca le había dado un beso, un abrazo de cariño en los momentos en que él tanto los necesitó; por qué su papá nunca estuvo, por qué no pudo formar una familia propia biológica y acabó aceptando la propuesta de la familia Salas para seguir jugando con la ambigüedad del personaje al que, por su presunta homosexualidad, no se le suponían hijos biológicos y no se casaría jamás con una mujer por amor. Tenía que pensar por qué nunca se atrevió a hablar claramente de su vida sexual, como lo había hecho uno de sus ídolos más admirados, Elton John; por qué había guardado silencio y jugado con esa ambigüedad; por qué no se atrevía a reconocer que también le atraían las mujeres y era capaz de tener relaciones con ellas y de engendrar hijos biológicos.

Es muy posible que ese choque de personalidades del que estaban hablando tenga mucho que ver en todo eso. O tal vez también era bueno para el negocio. Un ensayo que realizó la Universidad de Kansas, con el doctor Stacey Soward al frente, decía que en realidad los seguidores preferían ignorar la sexualidad de Juan Gabriel y que esa polémica generaba consciente o inconscientemente un interés popular que le beneficiaba.

—Hasta tú mismo ignoras a Alberto, lo maltratas, lo marginas–, prosiguió Gabo en su explicación mientras él escuchaba, pensaba y pensaba…

—Platiquemos más… ¿por qué descubres tú que yo soy bipolar o de doble personalidad o como le quieras llamar?

—No eres bipolar si nos atenemos al término como tal, podemos preguntar a cualquier psicólogo y creo nos dirá lo mismo, atendiendo a lo que la ciencia dice, bipolar es la persona que presenta una sola personalidad que experimenta cambios de ánimo repentinos. En este caso no son cambios de la euforia a la depresión, son cambios de un personaje a otro, claro que con esas depresiones que te han dado en ocasiones no sé yo si serás las dos cosas, pero lo que es claro es que tú lo que tienes o adoptas son dos personalidades muy distintas, es como si se tratara de dos personas diferentes pero tienes un solo cuerpo, por eso te decía que un solo cuerpo no puede albergar dos almas sin entrar en conflicto permanente. La personalidad de Juan Gabriel y la de Alberto no tienen nada que ver la una con la otra. Y creo que Juan Gabriel no se deja nunca influenciar por Alberto, y toda tu vida has estado en un pleito continuo, y pocas veces, o ninguna, se sientan los dos y se platican las cosas. Te conozco de hace mucho tiempo, pero en pocas ocasiones como en la autoentrevista que hiciste en Cancún, y que repasamos aquel día, me pude dar cuenta más claramente de ello. Te voy a mostrar un boceto de un logo que tengo que lo deberías hacer tuyo, tiene dos J, ése eres tú.

Recurrió de nuevo al internet para ver aquella grabación entre la persona y el cantautor. Cuando empezó a reproducirse el video nuevamente en el celular vía YouTube, se lo pasó para que lo viera una vez más. El artista tomó el aparato y miró fijamente con el rostro compungido. Mientras, Gabo sacó un papel y le mostró una especie de logo en el que la letra J se reflejaba a ella misma en forma de espejo.

—Ya llegó la hora, mi querido amigo, de que ambos se sienten frente a frente, como estas dos letras que están proyectadas en ese logo, y hagan las paces, purguen el alma y se arreglen con la gente a la que ha dañado ese conflicto. Porque como el personaje se cree con el poder por lo que es, ha hecho muchas veces lo que se le ha dado la real gana, no ha cumplido, ha generado demandas, ha provocado conflictos, y todo ello sin el consentimiento de Alberto, porque él no es así. Tienes una batalla interna y una externa. La interna es de Alberto Aguilera Valadez con el individuo externo que es el artista Juan Gabriel, porque sigues buscando el reconocimiento de la mamá, la falta del padre que no tuviste, la ausencia de una figura varonil para guiarte. La batalla externa es la que tuviste que lidiar y desencadenaste a consecuencia de lo anterior, con una sociedad que se resistía a aceptarte, aunque finalmente lo hizo, si quieres por interés, por negocio o por lo que fuera, con tu fama de transgresor, de homosexual. Juan Gabriel es lo que se ve no se pregunta, y más me lo vas a decir a mí que lo he visto, pero Alberto Aguilera es un hombre común y corriente al que tampoco se le pregunta lo que se ve, que yo también lo he visto, y lo que se ve en él no es lo que se ve en el artista y tú me entiendes perfectamente, porque todavía me acuerdo cuando le echabas la onda a las viejas que te entrevistaban o te aventabas a algunas sirvientas, y no pudiste, si no lo hubieras hecho, aventarte a algunas bien conocidas a las que les diste canciones, quienes se sorprendían por tu fachada de homosexual, sería preguntarle a algunas de ellas que nos diga si es verdad o no. ¿Y sabes qué? A veces me recordabas a la película de Mauricio Garcés, del tipo que para conquistar las viejas se hacía pasar por homosexual. A Juan Gabriel no le interesaba lo que Alberto hubiera hecho con las mujeres, probablemente por eso siempre lo has querido mantener oculto y lo sigues haciendo, no quieres que el mundo sepa los hijos biológicos que tienes.

—No, no quiero que se sepa, pero a ellos no les va a faltar de nada.

—Bueno, de eso si quieres platicamos después, pero quiero que tengas claro, Alberto, que esto es lo que tienes que hacer para que seamos justos y sinceros, porque esas dos personalidades tuyas le han creado muchos problemas a mucha gente y mucha felicidad a muchas otras, las que lo han seguido como artista. Tienes que hacer la paz entre esas dos personalidades para vivir limpiamente y dejar el conflicto de qué personalidad adoptar. Porque hay mucha gente que cree que te maneja pero tú eres muy listo, tú sabes sacar partido de esa doble personalidad y con eso has manipulado a todo el mundo, porque no te voy a recordar cuando dices que "Amor eterno" se lo dedicaste a tu mamá y hasta cambiabas la letra en algunos shows para ella… —él asentía manteniendo su actitud receptiva—. Alberto, la vida te las cobra, todo lo que no haces bien es una energía negativa que mandas al universo y éste te la devuelve. Tú no has querido hablar nunca pública-mente de tu sexualidad porque te voy a decir una cosa, nadie sabe que tú eres bisexual, o mejor dicho, sí hay gente que lo sabe y no lo va a reconocer, porque tú no naciste homosexual. Y que conste que me estoy dirigiendo ahora a Alberto, no a Juan Gabriel.

—Es que los dos somos lo mismo mijo.

—Sí, pero los dos son diferentes. A Alberto le fue muy útil Juan Ga-briel en sus comienzos, sabes que mucha gente no te quería, que tu estilo era muy arriesgado, que difícilmente podrías progresar si no te ayudabas de ciertos padrinos, y ahí el personaje fue el que logró triunfar. Pero Al-berto era el que aparecía cuando Juan Gabriel se perdía de todo su entorno y buscaba sus momentos de privacidad. Por eso Alberto tiene sus hijos biológicos, que aunque el mundo no lo sepa, los tienes.

En aquel punto de la conversación, Gabo quería volver a rescatar de la memoria de su amigo gente que hubiera estado junto a él sin inte-rés alguno, con un buen propósito de hacer el bien, de hacerle caer en la necesidad de resolver esas batallas sin obtener a cambio prebenda alguna, gente que le hubiera dicho estas cosas así con esa crudeza y esa sinceridad, porque le constaba que mucha gente que él tenía por amistades lo sabían, pero tal vez no muchas hubieran tenido el valor de decirlo, por miedo a la reacción del Divo de Juárez y que éste les retirara su amistad.

—¿Quién te ha ayudado de verdad, Alberto? ¿Quién se ha preocupado de verdad de cerrar los círculos de la persona, de que no vivieras en duelo constante? ¿Quién se ha ocupado por resolver ese conflicto de personalidad?

—Yo sí tengo gente amiga de verdad Gabo, muchas de ellas tú las conoces, gente linda a la que quiero con todo mi corazón, gente que está ahí cuando la necesito, que yo sé que daría todo por mí. Mira, por ejemplo, La Prieta linda, ella fue de las primeras, recuerda que me sacó de la cárcel, hay una amistad muy linda con ella, de hecho estuvimos juntos hace apenas dos meses.

—Sí, claro que sí, es posible que sí, sólo tú en realidad sabes el infierno que te tocó vivir y lo que sucedió en verdad, que por cierto nunca me has querido contar, y conste que no dudo de tu inocencia. Sé que ella te adora, te ayudó y te brindó su amistad, lo que me gustaría saber es si le platicaste de los errores que tú cometías porque insistías hablar de música y no de otras cosas.

Este punto de la conversación aludía a un pasaje de la biografía del artista cuando estuvo en la cárcel de Lecumberri, acusado por robo que nunca se llegó a demostrar que él hubiera cometido. No era algo que precisamente le gustara evocar, y el semblante de su rostro así lo delató cuando escuchó esa frase de que solo él en realidad sabía lo que había pasado.

El lado positivo de aquel turbio episodio fue el comienzo de una gran amistad con Enriqueta "Queta" Jiménez, más conocida como La Prieta linda, una de las más grandes cantantes de la música regional mexicana, hoy día ya alejada de toda actividad musical, pero en pleno apogeo artístico y radiante de belleza en aquel entonces. La historia se inició, como bien recordaba la propia Queta Jiménez, porque el director del penal de Lecumberri era cuñado de su hermana. Cuando lo miró por primera vez entre aquellas rejas le inspiró una gran ternura. Recordaba que era muy flaco, que quedó deslumbrada del enorme talento que tenía y que él rompió a llorar en cuanto la vio, alcanzando sólo a decir: "Yo tenía ganas de verte..." A ella se le contagió la emoción y rompió a llorar también.

No sólo lo sacó de prisión, sino que lo llevó a la disquera RCA, con la que ella trabajaba y con la que el joven ya había tenido una breve relación profesional en calidad de corista de grandes figuras de la canción como Roberto Jordán, Angélica María, Estela Núñez y César Costa. Lo amadrinó en su lanzamiento como artista. Sería la primera intérprete que le grabó una canción, bajo el título de "Noche a noche". El 11 de junio de 1971 Juan Gabriel firmó contrato con RCA Víctor e inició la grabación de su primer disco. "No tengo dinero" sería su primer éxito. Ella reconoció rápidamente que estaba tocado por una varita mágica cuando le cantaba sus canciones y sabía que pasaría la prueba que solicitó le hicieran. Entonces se declararon un amor mutuo: "Si no te quisiera no estaría yo aquí", le respondió cuando ella le preguntó: "Oye, chiquito, ¿me quieres tú a mí?"Desde entonces ambos hicieron un pacto tácito según el cual respetaría su vida privada y nunca hablaría de ella ante los medios de comunicación. Él se lo recordó años más tarde: "Queta, no vamos a hablar de dónde estuve, de lo que hice, hablemos de música." Precisamente por eso, Gabo le decía que ella conoció solamente a Alberto en la cárcel, cuando hablaba de él como "un ser humano increíble, dulce, tierno, generoso, bueno...", esos eran precisamente los rasgos de la personalidad de Alberto Aguilera pero seguramente desconocía el tremendo duelo que vivía consigo y que él quería ayudarle a resolver.

La Prieta linda hizo pública, en el *Excelsior* de México, una carta póstuma a Juan Gabriel poco después de su muerte, en la que se refería a él como "Ojos Buenos":

> *El ponerme a escribir estas líneas me ha hecho remontarme y recordar cuando tenía 20 años. Conocí a un jovencito que tenía en su corazón una enorme tristeza, un jovencito al que la vida lo había hecho sufrir y madurar a muy temprana edad, pero un jovencito con una gran ambición de crecer y de ser alguien en la vida.*
>
> *Ojos buenos... Fue así como te dije la primera vez que te conocí. Ojos buenos que pedían amor, pedían ternura... Ojos buenos que hablaban más que las palabras.*
>
> *Aquella tarde que me quedé contigo... en esas cuatro paredes que frenaban tu cuerpo, pero no a tu mente, me llevaste a un viaje maravilloso de emociones, de vivencias; más de seis horas pasamos en esa celda y ese día decidiste lo grande que querías ser... Estabas poniendo fin a una etapa muy difícil por la que habías atravesado y dando inicio a una nueva... La vida por fin te devolvía lo que otros*

te habían quitado. Y yo era parte de ese nuevo inicio, tuve la fortuna de conocerte, de ayudarte a dar esos primeros pasos en la vida musical y sabes lo orgullosa que me siento de lo grande que eres y de cómo has traspasado las fronteras.

A partir de ese momento decidiste no volver a sufrir, decidiste salir y mostrarle al mundo quién era ¡Juan Gabriel!

(...)

Siempre fuiste un muchacho muy agradecido, aprendiste de las experiencias vividas y le diste las gracias a todo aquél que de una forma u otra te tendió la mano. Por eso la vida te fue premiando y te fue recompensando cada vez más.

Lograste hacer una familia hermosa, con Laura, una mujer excepcional que nunca te pidió algo a cambio y crió a tus cuatro hijos... supiste entonces lo que era tener una familia. Segura estoy que en ellos sembraste la semilla del amor y de la bondad.

Estas líneas las escribo con el corazón destrozado por tu ausencia; nunca pensé que me fuera a despedir de ti tan pronto; pero quiero que sepas que en algún momento nos volveremos a abrazar.

Agradezco a la vida que hayas sido mi hijo querido... mi hijo del corazón.

Ojos buenos.... esto no es una despedida es un hasta pronto y donde ahora te encuentres recibe todo el amor y el cariño de tu Prieta linda. Ojos Buenos...... hasta siempre...

Cuando Gabo leyó aquella carta a través de internet aguó sus ojos y recordó la plática de aquel día. Comprobó también, por algunas de las frases de la misma, que la octogenaria cantante seguía cumpliendo a rajatabla el pacto que hizo con su amadrinado.

8

dejar todo atado y bien atado

Como lo advirtió, aquella noche no llegó al Blü Santa Monica a dormir. Había mucho de qué platicar con Gabo. Al día siguiente, martes 23 de agosto, Juan Gabriel le confesó que deseaba hacer un recorrido por todos los lugares que fueron significativos para él en esa tierra californiana.

—Estos días los quiero pasar recordando los bellos momentos que viví aquí, sobre todo en Santa Mónica, ¡han sido tantas las vivencias!—, le dijo casi soltando un suspiro. Definitivamente había un halo nostálgico muy fuerte e inusual que era más notorio conforme avanzaba el tiempo.

A veces a Gabo le daba un pequeño escalofrío, hablaba como si pretendiera despedirse de esos lugares, un motivo más para ayudarle en este proceso en el que deseaba corregir tantos errores del pasado. ¿No era el tiempo también de volver su espíritu en busca de Dios, del Dios verdadero? Porque si se trataba de limpiar el alma de Alberto, emponzoñada por las actuaciones de Juan Gabriel, no había mejor manera que aproximándose de nuevo al Sumo Hacedor, a la mayor fuerza espiritual del bien, el amor y la paz que simbolizó como nadie Nuestro Señor Jesucristo. Él se había alejado mucho de todo eso, de repente era budista, de repente espiritualista. El Budismo y la filosofía oriental estaban presentes por todo lado en su residencia de Cancún. Había pasado de decir públicamente que creía en Dios "como en mí mismo"; reconocer que "es verdad que hay un Dios, un Dios que existe por la gente", o proyectar imágenes de San Juan Pablo II en el vídeo que acompañó a la canción "Abrázame muy fuerte" (un vídeo lleno de imágenes muy simbólicas) en el concierto de Bellas Artes de 2013, a contradecir lo anterior protagonizando anécdotas como la ocurrida a un periodista justo un año antes de su muerte, el 11 de septiembre de 2015.

Después de un concierto, un camarógrafo lo siguió hasta su hotel en Los Ángeles. De repente se encontraron juntos en el elevador y quiso tomarle vídeo con su camarita paparazzi, pero no le funcionó. La situación se volvió algo embarazosa, ante los cuestionamientos acerca de en qué piso saldría del elevador, obviamente lo estaban corriendo de él, el camarógrafo decidió salir despidiéndose cortésmente con la frase: "Me da mucho gusto que está bien de salud, que Dios lo bendiga." A lo que el Divo de Juárez respondió, no tan amable, visiblemente enojado y casi gritando: "¡Que te bendiga a ti!" No era algo de lo que en ese momento estuviera especialmente orgulloso escuchando a Gabo.

—No sé, querido amigo, es la hora que sí tienes que definir esa espiritualidad. Dices que no crees en las religiones, hace muchos años que no te he escuchado referirte nunca a Dios, te muestras agnóstico, pero en el fondo muchos sabemos que tú sí crees en un ente y un creador, pues búscalo. Y a tiempo estás de ir un 12 de diciembre a cantarle a la Virgen de Guadalupe, tu espíritu y tu gente te lo agradecerían mucho. Porque cuando mueras entregarás tu alma… ¿A quién se la piensas entregar? ¿Dónde quieres que vaya? ¿Quieres que tenga paz para la eternidad o remordimiento y tormento? Cuando tu alma se desprenda de tu cuerpo, cuando alcance el plano o dimensión superior, cuando deba rendir cuentas, tu comportamiento y tu manera de pensar, que es lo que la van forjando, son los que dictaminarán si vas a sufrir o no en el más allá, si alcanzarás o no la luz, deberías reflexionar y creer con fe. La no creencia, mi querido Alberto, te convertiría en un espíritu enfermo, casi muerto, y tu espíritu ha de vivir, tu salud espiritual también va a influir positivamente en tu salud física, como te platiqué cuando te mostré la interrelación de los diferentes tipos de salud. En Alberto hay una esencia de hombre bueno, de un alma linda, entonces busca a Dios y entrégale tu corazón.

Al ver que por momentos tendía a derrumbarse, Gabo quiso dejar claro que todo aquello que estaban conversando no era ningún tercer grado para condenarlo, no se trataba de crucificar al amigo con todo lo malo que había hecho, al contrario, darle la oportunidad de encontrar un hombro para apoyarse y sacar esos nudos de dentro, deshacerlos y buscar la paz interior por si un día le sorprendía la muerte súbitamente. Quería recalcarle que había un ser dentro de él lleno de amor y de bondad, que era el ser que debía prevalecer por encima de cualquier otra cosa.

—Alberto, todo esto no es ningún reproche, ni vayas a tomarlo así, se trata simple y llanamente, como te decía al principio, de hacer una autocrítica si quieres, un examen de conciencia, un hacer las paces con uno mismo y estar preparado para cuando llegue la hora de decir adiós a este mundo, de eso se trata en el fondo la tanatología, de prepararnos para cuando no estemos. Aborda todos los aspectos, porque es bueno dejar todo resuelto en vida y evitar futuros conflictos entre las personas que de algún modo estén implicadas contigo, evitar que puedan pelear por las cosas que tú dejes. Ni tú mismo sabes lo que tienes… A poco eres capaz de decirme las casas que tienes, lo que valen, los carros, las cuentas… ¡Dios mío, Alberto, tienes que arreglar eso y dejarlo muy bien organizado!

En ese momento el Divo de Juárez rompió en llanto. Su mente le presentó otro *flashback* de todas las desavenencias vividas a lo largo de su carrera, hay hijos adoptados que todo el mundo conoce, hay hijos biológicos que el público desconoce y que él expresamente quiere que no se conozcan como ya le había dicho en otro momento de la plática.

—No quiero que mis hijos biológicos se den a conocer y menos que formen parte del mundo del espectáculo, porque ellos son hijos de Alberto

113

Aguilera, no de Juan Gabriel, y este mundo es un mundo de mentiras, de hipocresía, de vanidades. Yo aprendí a manejarlos a todos, pero no quiero que mis hijos caigan en ese mundo.

—Alberto, al día de hoy me sigo preguntando por qué aceptaste adoptar a tus hijos, pues obvio no vas a renegar de ellos, son tus hijos, sé que los amas, que siempre los amaste, que son tu adoración, que les has dado infinito amor, pero me cabe la duda de qué tanto lo hiciste porque te nació a ti o si te convencieron para hacerlo—, la pregunta, en ese punto de intimidad de la plática, era muy delicada. Se quedó en silencio y no contestó. Solo acertó a decir que a sus hijos los quería con todo su corazón y que eran su familia más allá de su procedencia. Gabo no insistió en el asunto. Él sabía de algunos rumores que alimentaban el fondo de la cuestión pero se trataba de su familia y merecía de su parte un respeto. Al fin y al cabo eran sus hijos y todos ellos pudieron garantizarse un futuro, al menos económicamente hablando, gracias a la fortuna de su padre. Ese era un terreno que el cantante no estaría dispuesto jamás a pisar por muy confiado y cómodo que se pudiera sentir en la confesión.

Con el tema de los hijos planteado, había llegado el momento de abordar otro de los pilares fundamentales en los que se basa la tanatología: el dejar todo atado y bien atado para el día del adiós, el testamento. En estos momentos ninguno de los protagonistas de aquella plática sospechaba que menos de un año después el público del mundo entero sería testigo de un largo y triste espectáculo judicial y mediático con pelea por la herencia, pleito al que nos referiremos y que escenifica claramente todo lo contrario de lo que había sido el deseo y la voluntad del mito de Parácuaro, tal como acabamos de leer en las citas textuales.

Toda esta situación le genera mucho dolor a personas que lo querían de verdad, como es el caso de Gabo, que en una de nuestras conversaciones afirmó de manera taxativa y contundente: "No se ha respetado el compromiso que Alberto tenía con las mamás, según el cual los hijos biológicos debían quedar en el anonimato y, lejos de eso, han retransmitido a través de la televisión a todo el mundo sus pruebas de ADN para mostrar que son hijos de Alberto Aguilera Valadez, en un espectáculo que me parece amarillista y desleal con su padre. Me hace gracia leer lo que dice Luis Alberto de que está preparado para abrirse paso en el mundo de su padre, cuando su padre me dijo expresamente que no quería que perteneciera a ese mundo, no creo que me estuviera mintiendo u ocultando otra cosa bien distinta. No sé si saldrá alguno más, es posible que sí, pero los que ya lo han hecho en mi opinión han traicionado su deseo y su voluntad, y no pueden decir que por razones económicas porque él estaba dispuesto a mantenerlos de por vida, a darles lo que necesitaran, pero les pidió que nunca salieran a la luz pública. No han demostrado con eso lealtad al deseo de su padre, yo sólo veo ambición y es muy triste todo lo que está pasando."

En aquellos días del mes de agosto de 2016, poco antes de morir, Alberto le reconoció a Gabo que tenía un testamento en el que no figuraban sus hijos biológicos, pero que él ya tenía un pacto con las mamás de estos hijos para que permanecieran en el anonimato para siempre, él se encargaría de que nunca le faltara nada a ninguno de ellos. Precisamente a raíz del percance sufrido en Las Vegas dos años atrás, se convenció de que no podía andar tan tranquilo por el mundo sin un papel que pusiera orden a todo eso, sabiendo además la cantidad de hijos que tenía. Por ello decidió, en mitad de su descanso y recuperación en Cancún, encargar la redacción de un documento en el que el principal benefactor y heredero universal sería el mayor de los hijos de la saga Aguilera Salas, a la sazón también representante suyo, Iván.

Como consecuencia de todo ello, el cantautor decidió redactar un testamento que no había suscitado ningún tipo de interés mediático hasta que se desató la guerra por la herencia. Una copia de este testamento fue presentada ante una corte de Santa Fe, Nuevo México, adjunta a un expediente que debía autorizar el trámite de la compra venta del rancho que el artista poseía en esta localidad. De ese modo, en abril de 2017 el programa *Primer Impacto* de la cadena Univision pudo acceder a dicho expediente y desvelar su contenido, mostrando al mundo el documento, compuesto por cuatro páginas y fechado el 5 de junio de 2014 en Quintana Roo, México, en la notaría del licenciado Jesús Javier Rivero Ramírez. En él, se identifica por su nombre, Alberto Aguilera Valadez, cita nombre y apellido de sus padres y certifica que es de estado civil soltero y que tiene cuatro hijos, todos ellos con los apellidos Aguilera Salas. Ni uno más, ni uno menos, como él mismo confesó, no quería que el mundo supiera de la existencia de sus hijos biológicos.

El testamento dice, literalmente, en uno de sus pasajes:

> *Este es el primer testamento que otorga, y por lo tanto desea que quede vigente en todas sus partes, siendo nulo cualquier otro que apareciera con fecha anterior al día de hoy, ya que es su deseo y voluntad que el testamento que otorga por medio de la presente escritura sea el que se cumpla y ejecute.*

Su voluntad es clara y así se refleja en el documento:

> *Instituye como único y universal heredero de todos los bienes y derechos que le correspondan a su fallecimiento a su hijo, el señor IVÁN GABRIEL AGUILERA SALAS. (...) Si el heredero antes instituido falleciera antes que el testador, o no quisiera o no pudiera aceptar su herencia, será heredero substituto su hijo el señor JOAN GABRIEL AGUILERA SALAS; si este falleciera antes que el testador, o no quisiera o no pudiera aceptar la herencia esta corresponderá a su hijo el señor HANS GABRIEL AGUILERA SALAS; Y si este falleciera antes que el testador, o no quisiera o no pudiera aceptar la herencia esta corresponderá a su hijo el señor JEAN GABRIEL AGUILERA SALAS.*

Designa albacea de su sucesión al licenciado Guillermo Pous Fernández, quien a su vez podría ser sustituido por Iván Aguilera o los otros tres hermanos en el orden estipulado. La prueba de identidad que aporta en el acto el 8 de julio de 2014 es su pasaporte de los Estados Unidos Mexicanos, expedido el 19 de marzo de 2008 y vigente hasta la misma fecha del año 2018. El cantautor tenía en aquel momento un segundo pasaporte mexicano cuya fecha de expedición era del 25 de marzo de 2014 y fecha de caducidad la misma del 2020. Este hecho, aunado a la falta de la firma y la huella en el documento original son parte de las armas que se están usando en una batalla legal que no hubiera sido en absoluto del agrado del protagonista.

9

La última confesión

Alberto habló también de su hijo Iván en aquella plática con Gabo, lo hizo en un tono que le recordó al de esas personas que se enamoran completamente de su pareja pero que cuando hablan de ella a un tercero lo hacen con un aire de leve languidez sin saber por qué. El brillo que había en sus ojos cuando hablaba de ellos en privado y en público siendo estos unos niños pequeños se había esfumado, dando paso a un semblante más sereno. "Si algún brillo se percibía ahora era el del asomo de una lágrima de melancolía", nos decía Gabo, también llorando, en un atardecer californiano del mes de mayo. "No sé por qué, él sólo decía que los quería mucho y sobre todo a Iván. No sé si su tristeza era porque a lo mejor extrañaba un trato más cariñoso de cuando eran pequeños, si le preocupaba lo que pudiera suceder el día que él faltara, no sé. La conversación que tuvimos sobre sus hijos fue su última confesión. A veces parecía que quería decir más de lo que en realidad dijo, pero muchos de esos silencios y muchos de sus gestos hablaban de hecho más que mil palabras. Él solo buscaba gestos de amor, gestos que le hicieran sentir que lo querían, buscaba cariño, abrazos, extrañaba los momentos de ternura familiares de cuando eran niños y tal vez en ese sentido, por lo que él decía y sobre todo por cómo lo decía, pareciera añorar más muestras de afecto de hijos a padre como las había de padre a hijos. El público no podría nunca opinar sobre esto porque él siempre quiso mantener a su familia alejada de los medios. Intentaba quitarle trascendencia y hasta era ingenioso, recuerdo que me dijo que más que adoptados lo que tenía eran hijos adaptados, ya se lo había escuchado en público."

El testimonio del piloto Daniel Lewkowicz parece confirmar las palabras de Gabo: "Alberto le dio todo a su familia cuando eran niños, esa parte de ser padre, todo lo que hizo en Santa Fe, el rancho, todo era para beneficio de sus hijos, para que disfrutaran, para que gozaran, pero esa parte de ser padre ya no era lo mismo, los niños ya no eran chiquitos así siguieran siendo sus hijos, pero Iván por ejemplo ya no era el niñito que le daba gusto estar con él, ya creció, se fue con otra gente, como cuando se casó con Simona, con otra familia, ya las cosas no eran iguales de cuando era un bebecito."

Alberto habla abiertamente del joven que había estudiado Administración de empresas en Miami, al que había dado la tremenda responsabilidad del manejo de su carrera. Tras un prolongado silencio, el autor e intérprete de "Yo sé que está en tu corazón" hizo una reflexión de amor paternal.

—Si en algún momento pudiera yo sacar el tiempo y el momento me gustaría decirle a Iván muchas cosas, que acabara de madurar, que fuera hombrecito, que se independice, porque él lo vale, que deje de tener la influencia de su tío Jesús y tenga más personalidad frente a su mujer Simona…

—¿Tienes problemas con él? Yo creo, Alberto, que desde que le diste la responsabilidad de tu carrera, sin que él estuviera tal vez preparado del todo para ello, se ha enrarecido tantito tu relación con él, o esa es al menos la percepción que yo tengo, todo se volvió tenso, has pasado a manejar la relación de patrón a representante, no de papá a hijo, antes era tu consentido...—, Alberto se queda callado y pensativo y no quiere profundizar en ese asunto.

—No, no es eso, yo a Iván lo he querido, lo amo y lo seguiré queriendo muchísimo, pero sí me gustaría que me representara como un hombre ya formado e independiente, no como un hijo. No me gusta la actitud de mi nuera Simona y me da miedo que él no tenga la personalidad para imponerse frente a la fuerte personalidad de ella.

—Pues hazlo Alberto, no puedes dejar nada pendiente, tú eres muy impositivo también. Tienes que arreglar eso, tienes que tener todo atado y bien atado.

—Sería más justo a la hora de administrar todo lo que tiene que administrar y lo que seguramente tendrá que administrar–, dijo, probablemente en alusión al hecho de haberlo declarado heredero universal de toda su fortuna.

Gabo interpretó estas palabras como una especie de mensaje para Iván al reconocer que ya le había pedido en algún momento que no se dejara influenciar de nadie a la hora de abordar su responsabilidad profesional como manager suyo, que actuara con personalidad propia. Uno de los temores contrastados con las fuentes que sirvieron a este libro es que a Alberto le preocupaba que buena parte del dinero generado por él para beneficio de su hijo se pudiera destinar a la iglesia a la que pertenece Simona. Era sólo un temor, pero le inquietaba. Le constaba que a su hijo le era difícil separar en este sentido la influencia de su esposa para tomar decisiones en asuntos profesionales o en administración de recursos, y eso era algo que no le agradaba. Estaba seguro que en el momento que su hijo tomara las decisiones sólo con su criterio y personalidad sería mejor para todos. "Alberto aceptó a Simona por respeto a su hijo pero no le agradaba mucho su manera de ser", nos dijo, observación que coincide con el testimonio de Danny Lewkowicz, también muy cercano al cantautor: "Iván sabe las verdades pero no las va a decir. Todos los que estaban alrededor de Alberto sabían que tenía sus reservas sobre Simona, no tenía una opinión muy positiva de ella, siempre fue un caballero y lo manejó con respeto, pero así fue. Él me hablaba de lo que creía que iba a pasar, exactamente su miedo, lo que temía que pasaría, es exactamente lo que pasó, como que él mismo dijo, era un genio."

La respuesta fue nuevamente el silencio con un leve asentimiento afirmativo cuando le preguntó directamente si su deseo era que Iván quedara como heredero universal de toda su fortuna. Lo respetó. Se sobreentendía claro que esa era su decisión. Porque se estaba dando cuenta de que había tomado la plena conciencia de que había llegado la hora de cambiar y de pasar a la acción de arreglar muchas cosas. Otra improvisada frase, sobre otro hijo, vino a reafirmar este convencimiento. La conversación volvió a adquirir un matiz íntimo y trascendental.

—Con mi hijo Alberto me voy a sentar a platicar. He pasado momentos muy difíciles por él, pero no le hace, es momento de darse un abrazo y acomodar las cosas. Me dolió mucho lo de mi nieto, creo que hasta me enfermé de la diabetes por eso, pero ha llegado el momento de, cómo tú dices, cerrar este ciclo o círculo o lo que sea y arreglar todas las cosas, yo también tengo por lo que pedir perdón y tengo que pedirle a él que cambie, que ya se deje de problemas y mala vida. Voy a ver si ahorita que vaya a El Paso me puedo ver con él y le organizo las cosas para que nunca tenga más problemas.

Tal como pudimos contrastar, el autor e intérprete de "No discutamos" sí tenía intención de encontrarse con su hijo mayor cruzando la frontera en su estancia en El Paso, ya que Alberto Aguilera Jr., debido a sus problemas con la Justicia de los Estados Unidos de América por presuntos delitos relacionados con el mundo de la droga y por haber violado la libertad condicional entrando a México sin autorización judicial, no podía regresar a ese país con riesgo de que fuera arrestado. Su padre quería regalarle un departamento, motivo por el que habrían hablado el día 27 de agosto, conversación que a su vez provocó, según algunas fuentes, una fuerte discusión con Iván Aguilera ese mismo sábado, en las vísperas de su muerte, al no estar este de acuerdo con ese encuentro.

El distanciamiento y enfrentamiento entre Alberto Jr. y los Aguilera Salas es más que evidente, y a Alberto no deja de perseguirle la polémica. Según pudimos averiguar, al menos en el momento de cerrar la presente edición, tenía en mente la elaboración de un libro supuestamente con la intención de revelar distintos abusos por parte de su padre, que presuntamente no saldría muy bien parado en el texto, como tampoco salió muy bien parado él en un correo electrónico que el programa *Ventaneando* difundió en el primer aniversario de la muerte del artista. Era del 14 de enero de 2014 y lo habría enviado su padre a su amigo Paco Fernández, quien a su vez lo reenvió al promotor Henry Cárdenas para que le buscaran ayuda. El correo es muy duro: "A mí quiere culpar de sus desgracias... Después de todo lo que AA ha usado de mí, vendiendo mis coches, robándose los muebles finos de mi casa, invadir donde duermo, un sin fin de cosas, por favor ayúdenme...." Lo firma como Alberto. Por este tipo de cosas es por lo que quería hacer las paces de una vez para siempre.

Tras la muerte de Juan Gabriel, Junior escenificó sin rubor alguno en los medios de comunicación su enfrentamiento con sus hermanos en las horas posteriores al fallecimiento, alineándose con los fans en el deseo de que el cuerpo debería ser trasladado a México para ser velado y homenajeado allá, y censurando las decisiones de Iván, principalmente la cremación ("se me hace absurdo que no dejen a los fans que se despidan de él, que yo mismo me pueda despedir de él", dijo), a la vez puso a la opinión pública en contra de la familia Aguilera Salas, con repetidos calificativos de "terrible, terrible, terrible". También lo hizo en los actos de homenaje, donde incluso se le vetó en un primer momento, tanto en Ciudad Juárez como en el Palacio de Bellas Artes, y posteriormente al denunciar en la televisión amenazas de parte de Jesús Salas, al que calificó de "ratero" en una entrevista en Univisión, en la que añadió que "ese señor nomás iba detrás de las ganancias de mi padre". La voz en off de la nota afirmaba que Alberto siempre creyó que "Jesús Salas llevaba años planeando cómo quedarse con la fortuna de Juan Gabriel", y que tras su muerte es la mano que dirige a Iván en todas sus decisiones.

Alberto Jr. reconoció que el alejamiento y la ruptura suya con lo que antes era una familia unida de 5 hermanos comenzó con el fallecimiento de su propio hijo. "Yo mismo me aislé", dijo ante las cámaras. El cisma fue grande. La relación entre padre e hijo sufrió un punto de inflexión y un distanciamiento con la muerte del nieto del artista, al que llamaban Alberto III, ocurrida en el mes de mayo del año 2012. Alberto tenía 23 años y murió a consecuencia de una sobredosis de droga en circunstancias muy desagradables. No era un suceso aislado, pues la vida que llevaba y sus compañías lo corrompían. El 29 de julio de 2010 había protagonizado otro oscuro incidente al ser arrestado junto a uno de sus tíos, Joan Gabriel, acusados ambos de robo, sorprendidos en el momento que estaban intentando hacer uso de una tarjeta de crédito que habían sustraído de su víctima. Joan Gabriel engrosaría un año más tarde otro problema legal, cuando tuvo un accidente de tráfico en Florida, en 2013, por conducir ebrio. Eso le costó una sentencia firme en marzo de 2015, pasó a estado de libertad condicional y tuvo que cumplir servicios comunitarios, aparte de pagar una multa y suspenderse su licencia de conducir por 6 meses.

Los problemas legales de Alberto Aguilera Jr. originaron un alejamiento no sólo emocional sino incluso físico y legal, pues como vimos en el correo electrónico, su padre buscó la orden de restricción que le impidiera a su hijo acercársele. Después de su fallecimiento la guerra con sus hermanos y los escándalos no han hecho sino crecer. El último que recogimos antes de cerrar la primera edición de este libro sucedió a pocas horas de cumplirse el primer aniversario de la muerte del cantautor, cuando el primogénito ingresó en la casa que su padre tenía en Ciudad Juárez forzando algunos candados y fue por ello acusado de allanamiento, despojo y fraude procesal por parte del abogado representante de la empresa AGUIVAL S.A., propietaria del inmueble, de la cual era administrador y representante legal el fallecido artista y ahora lo es el albacea, bajo cuya custodia legal se encuentra el inmueble, donde Iván Aguilera manifestó públicamente que desea realizar un Museo de Juan Gabriel, así como reabrir el albergue Semjase que el divo creó hace tres décadas para ayudar a los niños huérfanos y educarlos en la música. Meses antes de su muerte, el Divo de Juárez había solicitado que le pasaran un informe para donar más dinero a causas sociales. Quería incrementar su papel como benefactor del pueblo mexicano, al que tanto adoraba. Toda obra de beneficencia que Iván o cualquier otra persona o entidad haga en su nombre estará por tanto más que justificada.

La muerte le privó de consumar un acercamiento con su hijo mayor y hacer las paces. Ahora el pleito de Alberto Aguilera Jr. se ha trasladado a otro frente y es contra Jesús Salas y contra sus cuatro hermanos Aguilera Salas, para lo cual se ha aliado con los hijos biológicos Joao y Luis Alberto en una lucha recrudecida y, desafortunadamente, escenificada con motivo del primer aniversario del deceso.

—Tienes que darle un fuerte y sincero abrazo a cada uno y dejar todo lo malo que pasó atrás. Tienes que estar en paz con todos tus hijos sin ninguna excepción—, fue una de las frases que Gabo le dijo en aquella última confesión, misma que concluyeron recordando sus propias raíces.

Juan Gabriel era el menor de un total de 10 hermanos y, en el momento que este libro acabó de editarse, podíamos hablar ya de 8 hijos suyos, sin perjuicio a tenor de las informaciones surgidas y las sospechas de algunas fuentes de que haya podido tener más hijos biológicos que todavía no han salido a la luz pública.

Fruto de la unión de Gabriel Aguilera Rodríguez y de Victoria Valadez Rojas, ambos campesinos, vinieron al mundo, todos ellos con los apellidos Aguilera Valadez, cinco varones y dos mujeres: Miguel, José Guadalupe, Gabriel, Virginia, Rosa, Juan Pablo, el único de todos que está vivo, y el benjamín Alberto, nacido el 7 de enero de 1950 en Parácuaro, Michoacán. A esos siete hermanos hay que sumar tres más que murieron al nacer y que iban a ser bautizados con el nombre de Rafael. Alberto debe su nombre a Albertico Limonta, personaje de la historia cubana *El derecho de nacer*, una radionovela de la XEW.

La desgracia se cebó con la familia cuando su padre quemó un pastizal con la intención de volver a sembrar y el fuego invadió otras propiedades generando un desastre y un trauma del que nunca se pudo recuperar. Perseguido y enfermo, fue internado en el entonces tristemente célebre hospital psiquiátrico de "La Castañeda", en la Ciudad de México. Nunca más se supo de él. Dicen que esta tragedia inspiró la canción "De sol a sol". La desdicha obligó a su madre a abandonar Parácuaro camino de Ciudad Juárez con un Alberto todavía bebé, quien con sólo 4 años acabaría en el Centro de Mejoramiento Infantil, un orfanato de la capital de Chihuahua.

Con el paso de los años, el pequeño Alberto se convertiría en el célebre artista de nombre compuesto por el nombre de pila de su tutor y padrino musical Juan Contreras, al que llamaba Juanito, un ex músico de banda que había perdido el oído, y por el de su padre, Gabriel Aguilera. Quiso empezar a tener su propia familia. Adoptó a Alberto Aguilera Jr. cuando este tenía 12 años, al que rescató de su propio orfanato, el Semjase, que había fundado en 1987 y que mantenía con un aporte mensual de 25,000 dólares. Sin embargo, el Semjase tuvo que cerrar sus puertas en 2011 por asuntos no especificados del todo que tenían que ver con el mal manejo económico de este centro de acogida de menores.

Aproximadamente una década después de haber adoptado a Alberto, decidió aumentar la familia con la hermana del que por entonces era su manager y gran amigo, Jesús Salas. De este modo, cuatro nuevos hijos engrosarían la familia y el cancionero, pues Juan Gabriel no perdía ocasión de cantar en privado o en público las canciones que decía había compuesto para cada uno de ellos. Estos cuatro hijos, que conforman la dinastía Aguilera Salas son Iván Gabriel, Jean Gabriel, Hans Gabriel y Joan Gabriel. Este último se ha distanciado también de sus hermanos y del núcleo familiar. No asistió a los homenajes que se organizaron después de la muerte y tampoco sale en la foto de familia que todo el mundo pudo ver en la entrevista que Iván Aguilera concedió a Raúl de Molina en su casa de Miami, donde sí estaba su esposa, su mamá y sus hermanos Jean y Hans.

El encargado de garantizar la continuidad generacional de la familia Aguilera Salas por ahora ha sido el mayor del clan, Iván Gabriel, quien ha logrado formar su propia familia. Iván estudió Administración de empresas en la Florida International University de Miami. Conoció a su esposa en el entorno de la iglesia a la que ambos pertenecen, en un viaje a las Bahamas. Se casó el 21 de enero de 2012 en Hollywood, Florida, donde reside, con la rumana cuyo nombre de soltera era Simona Florentina Hacman, 10 años mayor que él. La boda resultó una fastuosa celebración cuyos gastos corrieron por parte del padrino. En 2014 Iván y Simona tuvieron a su primera hija, Florentina Victoria (en honor a su abuela, la difunta mamá del Divo de Juárez), después de haber perdido dos bebés previamente. Luego llegó el pequeño Iván. A diferencia de su padre, los Aguilera Hacman no han tenido ningún inconveniente en mostrar al mundo a través de las redes sociales que han formado un entrañable núcleo familiar en lo que ellos mismos llaman "The Aguilera Residence", al menos así se deduce de las tiernas imágenes que han hecho públicas.

Durante mucho tiempo se ha creído que Iván era en realidad hijo biológico suyo, no hay sino repasar un pequeño párrafo publicado por la revista *Quién*, en México, que decía textualmente en un reportaje publicado después de la muerte del artista:

Alberto no quiso quedarse con la duda de saber qué se sentía ser padre, así que pactó con la hermana de su mejor amigo Jesús Salas, tener un hijo por inseminación artificial. Laura aceptó y en el más absoluto silencio lo llevaron a cabo. Es decir, Juan Gabriel fue pionero en los casos de vientre subrogado, antes que Ricky Martin y Elton John. Fue hace 28 años, que Laura Salas dio a luz a Iván Gabriel, el primer hijo y el único que lleva la sangre Aguilera Valadez.

Esa misma teoría es la que siempre manejó la periodista regiomontana Idalia Barrera, quien nos dijo al respecto lo siguiente: "Fue en una de esas veces que

Juan Gabriel venía a Monterrey de incógnito y me hablaba para que lo fuera a ver al Hotel Ancira. Estaba cenando en un restaurante pero inmediatamente me fui a verlo. Me recibió en una bata blanca y me dijo que tenía algo muy importante que decirme. Fue cuando me ensenó la foto de Iván de bebé, tenía como seis meses y me dijo que era suyo, que le había pedido a su amiga Laura que le hiciera el favor. Le pregunté que si había sido por inseminación artificial y me dijo que no, que había nacido de forma natural, que no era adoptado. También recuerdo que le dije *qué padre que era niño,* dando entender que iba a seguir con su legado, y me respondió algo que hasta la fecha no entiendo, me dijo *ahorita sí, pero quién sabe después.* Ahora, con todo lo que ha salido de que Iván es adoptado ya no se qué creer, si de pronto no me quiso compartir el secreto por temor a que se filtrara o de pronto sí me dijo la verdad."

Investigaciones posteriores a las que Idalia se refiere, como las del programa de TV *Primer Impacto,* han puesto en duda no solamente la paternidad biológica de Juan Gabriel sobre Iván sino también la maternidad de Laura Salas, mostrando como prueba diferentes partidas de nacimiento, incluso dando a conocer unos presuntos padres biológicos verdaderos, a los que Silvia Urquidi, estrecha colaboradora de Juan Gabriel por muchos años, afirmó haber conocido en un palenque, abriendo la teoría de la posible extorsión para que guardaran silencio y no revelaran el supuesto verdadero origen de Iván Gabriel Aguilera.

Estos hechos, que forman parte de la batalla legal suscitada en torno a la herencia, no serían relevantes a la hora de valorar la relación paterno filial entre el cantautor y este hijo, pues biológico o adoptado, hijo de Laura o no, sería una circunstancia que Juan Gabriel supo desde un primer momento y nunca fue óbice para quererlo como lo quería ni para nombrarlo primero su manager, dándole una responsabilidad tan grande como la del manejo de su carrera, y después su heredero universal. En realidad una cosa va enlazada con la otra, pues heredar una cierta cantidad de fabulosas propiedades es sinónimo de tener los recursos suficientes para pagar los impuestos y el mantenimiento. Este es un detalle que en absoluto se le

Juan Gabriel con su amiga la periodista
regiomontana Idalia Barrera.

El piloto Daniel Lewkowicz y Juan Gabriel en el
avión privado "Noa Noa Express".

Juan Gabriel en su casa de Cancún con algunos íntimos
amigos, en la imagen en la derecha aparecen Pablo
Castro Zavala y Gigi Viera.

Un joven Juan Gabriel en Venezuela con su íntimo
amigo Paco Fernández.

Otra de las fotos del álbum del recuerdo de Paco Fernández
con un jovencísimo Juan Gabriel y Lila Morillo, ex del Puma.

El divo con su gran amiga doña Carmen Izaguirre.

Alberto quería siempre a sus amigos cerca, así tuvieran sus
propias casas los invitaba a pasar largas temporadas,
como era el caso de Gigi, que acudía con regularidad
a Cancún cuando se veía afectado de depresión.

A Alberto Aguilera le encantaba compartir con sus amigos,
aquí lo vemos entre otros con su inseparable Gigi Viera.

Alberto y Gigi en otra de sus entrañables
imágenes de su larga y profunda amistad.

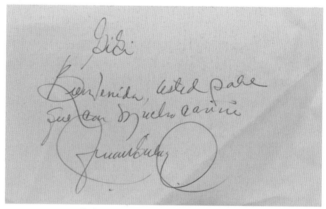

Uno de los autógrafos que Gigi Viera guarda
con gran cariño de su gran amigo.

Cartel de su autógrafo que podía verse en la lujosa casa
que poseía en Las Vegas.

Imagen actual de la que fue la casa de Las Vegas del divo,
la casa contaba con una discoteca y un estudio de grabación.

Juan Gabriel posa con su estrella en Las Vegas
junto a su gran amigo Pablo Castro Zavala.

Juan Gabriel y Pablo Castro, quien contó
que el divo rechazó máquinas de juego a su
nombre en Las Vegas para que su gente no
perdiera su dinero por su culpa.

Otra imagen de Juan Gabriel con Pablo Castro, sus
presentaciones en la capital del entretenimiento de
Nevada han sido las más concurridas de todos los
tiempos entre el público latino.

La estrella de Juan Gabriel, eterna e inmortal
como su música, luce así en el famoso
Paseo de la Fama de Hollywood
en Los Ángeles, California.

Juan Manuel Navarro entrevista a Juan Gabriel
el día de su estrella en Las Vegas, detrás puede verse
también a su íntima amiga Gigi.

Su llegada a Las Vegas donde tenía show esa misma noche en el
Mandalay, Juan Gabriel se abriga, llega enfermo de neumonía,
horas después acabaría en el hospital.

Juan Manuel Navarro fotografía al cantautor
a su llegada a Las Vegas en abril de 2014 con claros
síntomas de traer un problema de salud
que arrastraba desde Nueva York.

Juan Gabriel llega a su hotel de Las Vegas
en abril de 2014, se apreciaba que llegaba afectado
de salud, iba tapándose continuamente.

Juan Gabriel se presenta en el Mandalay y nadie sospecha en el show
que su estado de salud es muy delicado.

Juan Gabriel se entrega en el escenario pocas horas
antes de sufrir una grave crisis respiratoria que acabará
con él en el Southern Hills Hospital de Las Vegas.

El Southern Hills Hospital, donde Juan Gabriel se debatió entre la vida y la muerte luego de su reingreso tras una dantesca persecución por las calles y el Freeway de Las Vegas.

En la imagen vemos a Aida Cuevas, una de las pocas personas autorizadas para visitarlo durante su hospitalización en Las Vegas en 2014, saliendo del hospital acompañada del piloto Danny Lewkowicz.

El productor Gustavo Farías subió esta foto a Twitter del día de la grabación del video; Farías había intercambiado un email con Juan Gabriel apenas dos horas antes de su muerte.

En esta banca del famoso Ocean Front Walk frente a Muscle Beach casi desfallece Juan Gabriel, tuvo que sentarse a esperar ayuda con una grave crisis respiratoria, le quedaban apenas tres días de vida.

Este es el platillo que comió Juan Gabriel y la mesa donde lo comió en el restaurante Thai Vegan justo antes de casi desfallecer en el paseo que hizo después del restaurante a su casa.

Su gran amiga Isela Vega también compartió con él pocos días antes de morir, no quiso perderse su última presentación en The Forum.

Otra foto histórica, las últimas y privilegiadas fans que se tomaron una foto con el divo antes del show de Inglewood, sin saber que le quedaban a su ídolo 48 horas de vida.

El otro grupo de las últimas y privilegiadas fans que se tomaron
esta foto histórica con el divo antes del show de Inglewood, le
quedaban menos de 48 horas de vida.

El último concierto del divo, donde su estado de salud
y su energía no eran ya las mejores, aun así no quiso
fallarle a su público.

Último show del divo en el Forum de Inglewood,
quiso empezar puntual y mandó traer sus pantuflas,
un extraño presagio se apoderaba de él.

La última foto en vida de Juan Gabriel con su amigo Guillermo Rosas,
quien la subió a su Instagram, y su entonces prometido Julio Reyes
(Imagen Instagram Guillermo Rosas).

Este es el jugo Juan Gabriel y la botella en la que lo envasaron la misma
mañana de su muerte, lo último que ingirió, el líquido favorece el riesgo de
broncoaspiración en caso de vómito. El jugo con su nombre quedó ya para
siempre en el establecimiento como se puede ver en la imagen.

Pocos minutos después de la muerte del divo la policía llega al complejo Blü Santa Monica, no hay prensa todavía, la cámara de Juan Manuel Navarro, el primero en llegar, capta el instante.

La noticia corrió como la pólvora y el complejo Blü Santa Monica pronto se vio rodeado de decenas de medios de comunicación en la mañana del domingo 28.

La comitiva con el cuerpo de Juan Gabriel sale rumbo a la funeraria. La bajada del cuerpo al garaje provocó una escena macabra al salirse de la camilla por falta de medios adecuados.

La comitiva con el cuerpo de Juan Gabriel sale del complejo Blü Santa Monica rumbo a la funeraria en la noche del domingo 28. La salida y el traslado fue un completo caos.

La funeraria que albergó los restos mortales del divo desde la noche del domingo 28 hasta última hora de la tarde del lunes 29.

Los fans velaron en todo momento a Juan Gabriel y le rindieron improvisados homenajes en la funeraria entre el 28 y el 29 de agosto.

Sus fans son los que velan y homenajean a Juan Gabriel en la funeraria y en su estrella del Paseo de la Fama de Los Ángeles en la larga y triste noche y madrugada del domingo 28 al lunes 29 de agosto de 2016.

El señuelo en forma de carroza que el lunes 29 de agosto protagonizó el engaño a los periodistas y fans, saliendo de la funeraria al aeropuerto.

El helicóptero de la televisión hace creer al mundo el gran engaño de la carroza con el féretro vacío, el cuerpo en realidad viajaba en esos instantes en otra camioneta rumbo al crematorio de Anaheim.

Las cámaras de televisión captaron desde el aire el final del simulacro, aquella carroza que llegaba al aeropuerto de Los Ángeles contenía un féretro vacío.

pasó por alto al Divo de Juárez a la hora de emplear a su hijo y hacerle que ganara un buen dinero por sus propios méritos.

Es muy pertinente reproducir aquí, ratificando de algún modo nuestra tesis en este libro, una declaración hecha sobre este asunto por Daniel Lewkowicz, una persona muy allegada al cantautor: "Hablé mucho de eso y hay muchas cosas que nunca podría decir, ni lo voy a decir porque él específicamente me dijo que eso era sólo para mí, incluso en los emails. Lo que sí puedo decir es que no importa si una persona es biológica o adoptada. Quédense claro en esto, Iván era el hijo de Alberto Aguilera, no importa si era de sangre o no, Alberto le dio la vida de un hijo, lo trató y cuidó como un hijo, e Iván sólo conoce a su padre como su padre, esa es una realidad, así de sencillo, sea biológicamente o no suyo, tenga los mismos tipos de genes de él o no, no importa. Y si Alberto lo eligió a él y no a los que pudieron ser biológicos es cosa de él. Alberto sabía por qué, sabía lo que trató de prevenir, lo que estaba haciendo y una persona como yo nunca cuestionaré a Alberto y sus motivos, él era un genio, sabía lo que hacía."

Sin que la sociedad ni el gran público lo supiera, a lo largo de los años, y fruto de sus encuentros sexuales con mujeres, el famoso y universal hijo de Michoacán había tenido al menos tres hijos biológicos: Joao, cuya madre es Consuelo Rosales, residente en la ciudad de Los Ángeles; Luis Alberto, cuya madre es Guadalupe González, residente en la ciudad de Las Vegas; y Gabriela, cuya madre es Dora Gil, residente en San Antonio, Texas. Su deseo, contrastado por varias fuentes y como ha quedado ya reflejado en este libro, era mantenerlos alejados del público y del mundo artístico. Estas fuentes contradicen la versión dada por André de Regil, la persona a cargo del mantenimiento del estudio de su casa de Cancún, sobre Luis Alberto, en el sentido de que su padre tuviera plan de lanzarlo como artista en diciembre de 2016, al contrario, teniendo como base el sentido literal de una frase suya, el Divo decía que no quería en modo alguno que ninguno se involucrara en el medio artístico, para lo cual se preocupó de asegurarles una estabilidad económica.

10

"Quiero todo negro hoy"

Es miércoles 24 de agosto. Quedan cinco días para el tercer concierto de la gira en el recinto The Forum de Inglewood. La agenda del día tiene marcada una reunión con Gustavo Farías, el productor de los discos *Los Dúo I*, *Los Dúo II* y *Los Dúo III*, que se encuentra todavía sin concluir. Precisamente en este día se ha programado la grabación de un nuevo vídeo para esa tercera entrega de los duetos, que tan buen resultado le ha dado. La cantante norteamericana Patti Austin es la coprotagonista del mismo.

La relación con Gustavo Farías venía retomada de tiempo atrás, luego de una época de encuentros y desencuentros. No era Farías un diplomático adulador, más bien un crítico agudo de muchas de las cosas que hacía, musicalmente hablando, y esto no siempre, mejor dicho, casi nunca, era bien recibido por el autor e intérprete de "Pero qué necesidad"; precisamente una de las canciones que él le había destrozado con sus comentarios respecto a la *performance* que vio en el Auditorio Nacional de México en su día: "Fui a verlo y al final me preguntó que cómo me había parecido, le dije que espantoso, sobre todo aquella canción, sonaba tan fea que le aconsejé que para tocarla así era mejor no tocarla." Todo lo que no le gustaba se lo decía, si desafinaba o si precisaba cantar de otra manera, "es que me quiere cambiar", se quejaba, pero Farías le rebatía, "es lo que me gusta a mí y lo que creo que va a funcionar, y es mi trabajo decírtelo y hacerlo, no dejarme influenciar por lo que ya hayas hecho. Yo me fui de México en los 80 y no he seguido tu música y no quiero conocerla porque sea lo que sea que me des yo te voy a dar algo diferente". Esta mecánica en el fondo acabó convenciéndolo y nació una relación profesional basada en la honestidad. El productor cree que fue fundamentalmente porque "yo no era de su séquito de lambiscones que le decían sí a todo, al contrario, yo le decía no a mucho. Él decía que cómo era posible que nada de lo que me llevaba me gustaba, que yo era un necio, y yo le respondía que si no me gustaba no le iba a decir que sí. Eso a veces nos distanció porque no le caía bien a él que se lo dijera. Sin embargo toda esa honestidad hizo que al final, cuando nos reencontramos al cabo de años, y puesto que nosotros nunca nos habíamos peleado ni nos habíamos enojado, se diera un acercamiento y surgiera una relación profesional y hasta humana muy padre".

Farías conoció al Alberto humilde y al Juan Gabriel orgulloso: "En aquellos primeros tiempos a los que me refería que nos distanciamos era una persona tremendamente arrogante, me dijo una vez que me habló que me mandaba las canciones y que si le gustaban los arreglos me las pagaba y si no pues no, y yo le dije que ni modo, que me las tenía que pagar sí o sí, él accedió y me las mandó. El Juan Gabriel de antes nada tenía que ver con el que me encontré después cuando me pidió que le ayudara con el proyecto de los duetos, no sé si por los años, por todo el calvario de demandas y problemas que afrontó o por lo que fuera, pero le había bajado mucho al orgullo. Cuando fui a verlo a Cancún, porque me habló en el 2011, lo encontré muy apachurrado, me dijo que no le estaban yendo muy bien las cosas con los discos, vi lo último que había hecho, no me gustó, le pregunté qué proyectos venían, entre ellos estaban los duetos, y quedamos en que podría ser interesante y miraría a ver qué onda".

Para arrancar con este nuevo proyecto, Gustavo Farías se desplazó a San Luis Potosí para verlo en directo. Solicitó un permiso de libre movilidad y se movió entre el público. Vio que la mayoría superaba los 40 años. Al acabar habló con él y le dijo que sólo estaba enfocado en darle gusto a su público cautivo, a todas esas personas que comprarían lo que él hiciera ya fuera un disco bueno o malo. Había que cambiar esa dinámica porque además ese nicho de población estaba estadísticamente empezando a dejar de comprar discos. Había que buscar nuevos nichos y nuevos horizontes. Le dijo con seguridad y rotundidad que los duetos era el tipo de disco que les podía ayudar mucho en eso con versiones y artistas que lo abrirían a un público más joven y variado.

Quedó convencido y puso en manos de la profesionalidad de Gustavo Farías el nuevo reto. Tenía luz verde para hacer y deshacer, tanto en el aspecto musical como en el manejo de la imagen del disco, y el Divo de Juárez respetó ese trabajo, más allá de alguna discrepancia muy puntual en un par de arreglos que se solucionaron con una charla profesional. Uno de ellos fue sobre el tema "Querida", él quería mantener el arreglo que manejaba en los directos, Farías le hizo ver que eso no era para apuntar al público más juvenil como se pretendía, y prevaleció ese criterio en la bellísima versión que todos conocemos junto al colombiano Juanes, al que por cierto, sirva a modo de anécdota, hizo esperar por horas en el estudio el día de la grabación en Cancún. Al colombiano, que lo cuenta hoy día entre risas, no le molestó aquella impuntualidad.

El trabajo fluyó. El productor hizo un esfuerzo considerable para traer los artistas que no estaban en la onda suya y que él pensaba iban a aportar un plus a la música de Juan Gabriel abriendo la horquilla demográfica a un público más joven, como era el caso del propio Juanes, de David Bisbal, Natalia Lafourcade o Natalia Jiménez, y otros que eran muy del gusto y a los que unía una relación de amistad con su cliente, como era el caso de Marc Anthony, José Feliciano y Marco Antonio Solís. La lista fue principalmente ofertada por Farías con el consenso de las propuestas de

Universal, la disquera, y del propio protagonista. No todos dijeron que sí, Cristina Aguilera y Andrea Bocelli rechazaron la invitación, aunque en el caso del italiano, Farías cree que lo puede convencer en el momento que tenga luz verde para publicar la tercera entrega.

El disco fue un éxito rotundo, Juan Gabriel quedó más que contento, entusiasmado, y telefoneó a Farías, que andaba en un trabajo en Estambul, Turquía y fue sorprendido poco menos que dormido por la diferencia horaria en la llamada, para darle su más sincero agradecimiento por "este hermosísimo disco", según sus propias palabras. Más tarde, en los premios *Billboard*, tuvo un bonito gesto al dedicarle el disco a su productor aduciendo que el mérito era suyo porque había sido su concepto. En la última edición de los premios en abril de 2017 volvió a ser premiado, aunque esta vez ya no estaba él para recoger el galardón.

Estaba claro que ante semejante y rotundo éxito llegarían los duetos segunda parte, y ahí mismo se acabó de grabar la segunda entrega, Juan Gabriel no se esperó a la respuesta del público, que sabía iba a ser también positiva, cuando le habló de hacer una tercera parte, y hasta una cuarta y una quinta. Una prisa desmesurada como de quien pelea con el tiempo. Había encontrado una nueva motivación para darle un nuevo giro a sus canciones, un soplo de aire fresco en el que además se iban sumando paulatinamente nuevas voces que para él eran un motivo de orgullo y que contribuían a la inmortalidad de las canciones y del mito.

Farías volvió a llevarle la contraria. Le dio gusto verle en aquel impulso pero le dijo que no era bueno ir más allá de la tercera parte: "Yo le dije que haríamos *Los Dúo III* y que ahí parábamos, que si quería podíamos hacer un disco doble en este. Creo que si seguimos con el IV se puede prestar más que nada a burla, y además a usted no lo gusta el número 4. Ahí mismo asintió y me dijo que tenía razón. Decidimos entonces hacer 32 canciones para esta tercera parte de los duetos."

Al contrario de los discos I y II, para la tercera y última parte de los duetos, Juan Gabriel sí quiso dar una lista de algunos artistas que quería expresamente que cantaran junto a él, entre ellos estaban el francés Charles Aznavour y el británico exbeatle Paul Mc Cartney. Este tercer disco incluiría un dueto con Elton John, que se vio frustrado en las dos primeras ediciones, pero que para la tercera había logrado el visto bueno del célebre artista inglés y estaban en los trámites para programar la grabación. Incluso iba a interpretar canciones que no eran suyas, como un tema de la banda de rock Creedance Clearwater Revival en español, que Farías arrebató de otro destino inicial de la canción, que iba a grabar otro artista. Le entusiasmó esta idea y el hecho de lanzarla en el verano, antes de que apareciera el trabajo que se había hecho con el maestro Magallanes en el Bellas Artes, que era muy bueno pero apuntaba a otro público distinto.

Dicho y hecho, se grabó la canción y el videoclip de "Have you ever seen the rain", (con el título de "Gracias al sol"). La canción funcionó muy bien. El cronograma previsto para el lanzamiento del disco *Los Dúo III* era en el mes de diciembre de 2016. La muerte frustró los planes, que incluían también en febrero de 2017 un disco *unplugged* que querían llamar *The World Music*, con músicos de Oceanía, Austria, Francia, Argentina, combinados con músicos de Michoacán. Un proyecto en el que ya se venía trabajando.

Alcanzó a grabar las voces de los duetos que querían hacer para este disco en Cancún. Gustavo Farías había decidido adelantarse a la gira y había viajado hasta la casa de Quintana Roo. Permaneció allá un mes entero pues sabía que una vez que iniciara el tour no estaría en las mejores condiciones vocales para la grabación. Grabó la voz de todos los temas de *Los Dúo III*, la única canción que se quedó en el aire, sin grabar en aquellas jornadas, fue la que se quería emparejar con la voz de Aretha Franklyn. La mayoría de artistas invitados de esta nueva entrega también han grabado la voz o se comprometieron a hacerlo, entre ellos está Charles Aznavour, Rosario, Gloria Trevi, Banda El Recodo, Yuridia, Daniela Romo, George Benson, Patti Austin, Shaila Dúrcal, Reik… Quedaban por grabarse en el momento que concluimos la primera edición del presente libro, entre otros, Plácido Domingo, Jennifer López, Elton John, Cristian Castro y el dueto con Luis Miguel con el tema "Debo hacerlo". Juanga dejó grabado el tema y hasta un vídeo, solo falta que Luismi grabe su voz.

El único impedimento para que este disco póstumo vea la luz es la aprobación de Iván Aguilera. Gustavo Farías está dispuesto a sacarlo adelante sabedor de que este sería el gran deseo de Juan Gabriel. Lo hará una vez cuente con el visto bueno de la familia, que todavía no lo ha autorizado, hecho que lo tiene algo apesadumbrado por la demora, que no entiende más allá de buscar en la pelea legal que hay entre los hermanos el motivo por el que este último y gran antojo musical del autor e intérprete de "Caray" no se haya publicado todavía. No cabe duda que si las dos primeras entregas de los duetos fueron un éxito apabullante, esta tercera entrega póstuma es más que deseada por los millones de fans repartidos en diversos países. "Él hubiera querido que esto hubiera salido ya. Sé que a él le gustaría que se le recordara por su música, bien clarito que me lo dijo, hasta soñaba con una presentación en la que cada artista cantara una canción suya. Lo que seguro no quería es que se le recordara por este lío de demandas", acabó diciendo Farías, quien asegura que con el material que dejó grabado podrían sacarse hasta tres discos inéditos.

Idalia Barrera comparte esa misma opinión: "Estoy muy enojada con eso, es algo que no puedo entender, ¿cómo es posible que su música, su legado no pueda seguir escuchándose si a Juan Gabriel no había nada que lo pusiera más contento que sus fans y su gente pudieran escuchar su música? No es posible que haya un material tan hermoso grabado y la gente no pueda escucharlo."

● ● ●

A las 11:00 de la mañana de aquel miércoles 24 de agosto Juan Gabriel se vió con Gustavo Farías en los estudios Cinemills de Burbank, en el condado de Los Ángeles. Pasan una extensa pero amena jornada platicando todo el rato, saludando a personas que se acercaban. Lo ve igual que en las semanas que convivieron en Cancún, donde le había hecho observar en algún momento que debía cuidarse un poco más porque lo encontraba muy "inflado". Para aquel día, y contrariamente a lo que era su estilo habitual, en el que no solían predominar los tonos oscuros ni el vestuario negro, el cantante se empeñó en usar este color.

—Hoy lo quiero todo negro, ¡todo!—, le dijo a sus colaboradores, que rápidamente tuvieron que resolver el problema de logística ya que al no ser una elección habitual, no se contaba con ese vestuario a la mano y no estaba entre la ropa que se había elegido para llevar al estudio donde se iba a grabar el vídeo.

No había nada que hacer. Tenían que salir a buscar el vestuario negro. Hicieron más de un viaje para conseguir prendas negras porque insistía que cuando había dicho que quería todo negro se refería a todo, y eso incluía el cinturón, la camisa y cuanto complemento se les ocurriera. Pero, "¿por qué le dio al señor por pedir todo negro para esta ocasión?" Se preguntaban algunos en mitad del estrés de acabar de conseguir lo que faltaba.

La psicología de los colores abre un amplio abanico para las connotaciones del color negro, muchas de ellas no son tan conocidas por el gran público como pueden ser la sofisticación, el poder, el prestigio, el valor o la atemporalidad, pero hay una que sí es de sobra conocida por todo el mundo, la que va asociada con la muerte y el ambiente fúnebre. Era el tono que quería para ese día y es el tono que lucirá en las diferentes tomas que se hacen para grabar el tema "Luna", un negro absoluto sólo contrastado con el azul de su pañuelo alrededor de su garganta.

La grabación se prolongará casi 12 horas, una jornada entera. Se usó un fondo verde croma para las escenas conjuntas del Divo de Juárez y la cantante afroamericana, que también vestía de oscuro. Al llegar, ya había personal en la productora Cinemills, como Matthew de Mattos, que percibió su condición física delicada: "Se le notaba muy fatigado, como si viniera de hacer un gran trabajo o una cosa así. Conforme fue pasando el tiempo lo vi un poco más entusiasmado y mejor."

Se mostró muy relajado en los camerinos con las diferentes personas que formaban parte del equipo, incluso con su amiga Isela Vega, actriz, directora y productora que llegó con la familia para compartir esos momentos, platicando en los descansos. Isela asistiría a su último concierto en el Forum, en el que también estuvieron otras amistades como doña Rosa Rivera, mamá de la recordada Jenni Rivera, quien fue, por cierto, una reconocida súper fanática del Divo de Juárez, y Chiquis Rivera, cantante e hija de Jenni.

Otra de las personas que estaba ahí el día de la grabación era Allen Pérez, productor ejecutivo y creativo del video, objeto de las bromas del artista por su condición de guatemalteco con rimas continuas en las que usaba la sílaba "gua". Él recordó aquello: "Nos reímos mucho ese día, lo vi con muchos proyectos, muy optimista, difícil era imaginar lo que pasó después. Hablaba con todo el mundo de un vídeo musical que quería hacer en la India."

Gabo también le había oído hablar muchas veces de la cultura hindú y su admiración por una actriz, Ayshwayra Rai, que se le hacía protagonista ideal para compartir un videoclip por aquellas tierras. Esto mismo recordaba Mauricio Jemal, productor de vídeos de Cibolo Entertainment, sobre el que era el primer encuentro que tenía con el cantante: "Sí, él habló de la India, me acuerdo que comentó que siempre la había querido visitar pero que nunca se había dado y que a lo mejor era un buen escenario para un vídeo de la canción 'Noa Noa'. A lo mejor incorporamos imágenes de ese país para el vídeo de 'Luna' como homenaje a sus deseos que ya no se podrán cumplir." Como tampoco podrá cumplirse el de construir un nuevo Noa Noa en forma de centro de espectáculos en Cancún para presentarse ahí por temporadas.

La grabación concluyó de manera satisfactoria, sin más novedades, tras la cual, ya tarde, se retiraron a la casa de Santa Mónica a descansar.

11

Un paseo nostálgico

En la mañana del jueves 25 de agosto el autor e intérprete de "Ya lo sé que tú te vas" volvió a tener un fuerte arrebato de nostalgia y una extraña sensación cuando abrió los ojos en la amplia y lujosa recámara del tercer piso de la enorme casa junto a la playa en el Blü Santa Monica. Se despertó con la idea de hacer un paseo, un recorrido, por los lugares que habían marcado su vida en aquel rincón de California, principalmente en esa misma localidad de Santa Mónica y en la glamurosa y cercana costa de Malibú.

Contrariamente a lo que era habitual en él, llamó muy temprano para que lo recogieran sobre las 10 de la mañana. Todo el mundo se sorprendió del antojo sentimental del artista, que raramente hacía un llamado antes de las 12 de mediodía, pero nadie le dio mayor importancia. No era en absoluto madrugador, todo lo contrario, más bien hacía una vida de búho, consecuencia de la arritmia crónica de sueño que sufría y de su estilo de vida. En algunas épocas que se retiraba a descansar a alguno de sus ranchos, alejado del mundanal ruido, dormía durante el día entero y se levantaba pasadas las 6 de la tarde a desayunar, dos horas más tarde comía y sobre las 10 de la noche cenaba. Eso supone un trastorno completo del ritmo circadiano o reloj biológico del cuerpo que también suele mermar la salud de quienes lo padecen. En esos días salía a caminar al aire libre pasadas las 12 de la noche, y en plena madrugada, entre la 1 y las 2, se sentaba frente a su computadora en su recámara con las ventanas abiertas para que entrara el aire y la inspiración. Ahí mismo se ponía a escribir y a componer canciones.

Una de las fuentes que consultamos para este libro recordaba bien aquellas prácticas: "Muchas veces que compartí con él de pronto se paraba a las dos o tres de la mañana, se ponía a buscar un papel, normalmente usaba uno de esos que suelen hallar en los escritorios de los hoteles de lujo. Entonces tomaba la plumita y se ponía a escribir. Ahí se podía pasar horas hasta el amanecer sin mostrar cansancio, se le escuchaba cómo tarareaba lo que se le venía a la mente en esos momentos. No dejaba pasar un día para terminar con lo que se había inspirado. Después de haber descansado unas horas se volvía a despertar y ahí mismo se encaminaba al estudio para plasmar en los instrumentos la idea de lo que había escrito y ese era el origen de la mayoría de las canciones."

Ese día no había escrito nada. Quiso arrancar temprano y hacer un amplio recorrido por los lugares que habían marcado su vida en Santa Mónica, su ciudad favorita dentro del estado, y en la vecina Malibú. Ahí vivió durante 15 largos años en su juventud cuando empezaba a labrarse su dilatada carrera. En esos momentos hubo una sensación rara dentro de él. La escena invita a representar una especie de simbólica despedida.

Lo recogieron en la casa donde se alojaba y enfiló en dirección norte con la intención de ir bordeando el Pacífico desde la misma ladera de la playa. Ocupó el puesto delantero de copiloto. Salieron de la casa hasta la avenida Ocean y enseguida el paseo tomó la Pacific Coast Highway para recorrer en paralelo toda la costa. Sumido en un profundo silencio, contemplaba el horizonte, se mostraba muy reflexivo. Ni siquiera una suave música de fondo interrumpía la intimidad del momento. Estaba desconectado del mundo. Pidió detenerse en el exclusivo barrio de Pacific Palisades, en el mismo sitio donde estaba la espectacular casa frente al océano que tan bellos recuerdos le traía y que por desgracia no pudo superar las consecuencias del terremoto ocurrido en la madrugada del 17 de enero de 1994, en el área norte del Valle de San Fernando con epicentro en el distrito de Northridge, suceso que se llevó por delante la vida de 72 personas y daños totales calculados en 25,000 millones de dólares. Allí pasaron 10 largos minutos de pura contemplación sin descender del vehículo. Miraba, suspiraba, callaba. Interrumpió el silencio sólo para ordenar que siguieran la marcha hacia el norte.

Más o menos unos 45 minutos después estaban entrando al límite de Malibú y poco más adelante llegaron a las inmediaciones de la casa que hacía 16 años había vendido. Hasta allá se desplazó sin más intención que contemplarla y evocar momentos allí vividos. En aquella época le gustaba que lo subieran a Malibú en limusina, había que ver a aquellos largos y lujosos vehículos llegar enfangados cuando regresaban de Pico Rivera llenos de lodo en las llantas por aquellas vías de acceso a la lujosa propiedad. Su ubicación no podía ser más selecta, una zona residencial a la que solamente tienen acceso magnates, actores, productores y directores de Hollywood. Esta casa fue construida en el año 1991 y tenía una extensión de 6 acres, con 6 amplias recámaras, un amplio cuarto de huéspedes, chimenea, una alberca grande y la vista en el horizonte del Océano Pacífico. La puso en venta en el año 2000 a un precio de 6,750,000 dólares.

No pudo acceder a la misma, de hecho el acceso es restringido desde la primera entrada hacia la colina que conduce a la propiedad, que se ve a lo lejos. De regreso a Santa Mónica por la misma carretera PCH que va bordeando la playa, continuó el recorrido hasta el famoso muelle de la ciudad californiana, ya muy cerca de la casa. El Santa Monica Pier es la célebre última parada de la legendaria Ruta 66, un lugar de obligada visita para todos los que se acercan a esta playa de culto al cuerpo conocida como Original Muscle Beach.

Empezó a callejear por la ciudad. Paraba en lugares que le llevaban a un *flashback* inmediato de tantos años de éxitos y momentos vividos, como en hoteles en los que en algún momento se quedó y restaurantes que le hacían recordar encuentros especiales. En muchos casos ya no se hallaban los mismos establecimientos, habían sido sustituidos por otros nuevos. En las casi cuatro horas invertidas en el paseo, con múltiples paradas, apenas si dijo palabra alguna, y cuando lo hizo no parecía hablar con nadie, pareciera susurrar sólo para evocar que tal edificio entonces no existía, que aquella casa está igualita de como él la recordaba de los tiempos que le tocaba caminar por esta zona o aquel establecimiento que ahora es un supermercado era antes un conocido café. Pasó varios minutos frente al restaurante The Victorian Café en Main Street, un lugar que le transportaba a una época suya pletórica de glamour en la que todo el mundo le rendía todo tipo de pleitesía. Era casi su oficina, él recuerda cómo solía reunirse allá con los empresarios y cuanto contacto precisaba en aquel entonces. El recorrido estaba a punto de concluir, lo hizo entero sin bajarse del vehículo, en toda parada era igual, simplemente llegaba, bajaba el vidrio, se quedaba contemplando los lugares, esbozaba un gesto nostálgico, en algunos casos un suspiro, una evocación a sus memorias, y continuaba.

Ya entrada la tarde, quiso rematar su paseo en dos lugares donde, más allá de la evocación nostálgica por ser parte de sus lugares frecuentados, quería detenerse y comer algo. Tuvo el expreso deseo de que Sonia, su asistenta personal, le acompañara a las dos últimas visitas del día. Se habían convertido en parte de sus sitios favoritos en su condición de cliente habitual de la comida naturista, en uno de ellos buscaba un jugo natural saludable y en el otro un plato típico de la comida tailandesa.

One Life Natural Foods, cuyo propietario es un estadounidense llamado Tony Kim, es un almacén de frutas, verduras y súper alimentos saludables situado en plena esquina en el número 3001 de la calle Main Street, a la altura del 200 de la Pier Avenue de Santa Mónica. Lo visitaba con mucha frecuencia cuando estaba en Santa Mónica. Desde 15 años atrás.

Normalmente era Pedro, un empleado inmigrante con varios años en Los Ángeles y especializado en la elaboración de jugos naturales, quien lo solía atender, en un momento dado el artista le ofreció trabajar para él, acompañándolo para prepararle jugos de manera exclusiva, pero a Pedro no le gustó la idea de tener que andar viajando y alejarse de su familia.

El negocio es amplio y muy surtido en todo tipo de verduras y frutas frescas, preparan ensaladas deliciosas y saludables tipo gourmet y una amplia variedad de jugos naturales previamente preparados sobre recetas o con la opción de que uno mismo marque con una cruz los ingredientes que quiere para que Pedro o Crescencio, otro de los empleados, lo preparen.

El cantante siempre pedía la misma combinación, seguía los consejos de los nutricionistas para aliviar el problema de retención de líquidos al tiempo que le ayudara a reducir peso. Así se lo reconocía a Pedro en las pequeñas pláticas que se establecían cada vez que aparecía por allá. Quería rebajar ese abdomen prominente que tanto perjudicaba a su estado general de salud. Había veces que allí mismo se tomaba un vaso de 16 onzas y otras mandaba envasarlo en los recipientes blancos de plástico de 32 onzas, el equivalente a un litro, que la tienda le preparaba para llevar.

Tal fue la frecuencia y la elaboración repetida de la mezcla, que Pedro decidió ofrecerla a sus propios clientes dentro del pizarrón del menú de jugos como "Juan Gabriel Juice". Así luce hoy día para todo aquel que desee pedirlo. Bajo la oferta de *Green Team Combo*, aparece el "Juan Gabriel Juice" con un corazón pequeño dibujado a tiza junto a las letras. En aquel establecimietno pedimos el vaso de 16 onzas de 6 dólares de costo para probar este elixir de salud. La base del mejunje, de un aspecto verdoso intenso, tono musgo, de agradable sabor, está hecha con apio, pepino, espinaca, perejil y kale, también conocido como col crespa o rizada, a lo que el Divo de Juárez gustaba añadir maca, jengibre y turmeric (cúrcuma). Una combinación rica en sales minerales y proteínas para mejorar la salud.

Al llegar allí, el artista pidió a su chofer que estacionara el carro y que tanto él como la asistente le acompañaran al lugar, un comportamiento que tampoco era normal, pues cuando llegaba a cualquier sitio en su vehículo privado él se bajaba y lógicamente lo esperaban pacientemente dentro del carro a que volviera. Ese día no quiso que fuera así. Al llegar ordenó tres jugos.

—Cada quien tiene su jugo, así que tómenselos mijitos porque ustedes tienen que estar sanos y estar bien—, les decía a ambos mientras les servían la pócima natural.

Estaban disfrutando sus bebidas cuando un joven afroamericano lo reconoció, algo que a priori no es tan normal, pues no es el tipo de público que lo sigue. Sin embargo cuando le preguntó si era Juan Gabriel y él asintió, el muchacho casi se desmaya de la emoción. Le pidió una fotografía, lo abrazó y se fue tremendamente feliz con su foto.

12

Un enfermo en ocean front walk

Después de tomarse los jugos quiso ir a comer. Su deseo era ir a Thai Vegan, un restaurante sencillo de comida tailandesa con platillos muy saludables que él adoraba, situado en el número 2400 de Main Street, esquina con la avenida Hollster, apenas a dos cuadras de la playa, muy cerca de la casa en la que se estaba quedando. De hecho en ese momento su intención era regresar a casa después de comer dando un corto paseo.

—Vamos mijitos, quiero ir a comer lo que siempre comemos allá—, lo dijo como el niño antojadizo que parece sentirse feliz tan sólo con ordenar y cumplir sus deseos, y estos pasaban ese día por un recorrido entre sentimental y nostálgico por todos sus lugares favoritos de Santa Mónica.

Al llegar al restaurante se vuelve a repetir la escena, que sorprende tanto a la asistente como al chofer, al que pide que, contrariamente a lo que es normal y protocolario en el trabajo de éste, estacione el vehículo y se una para compartir la comida. Se sentaron en la mesa de madera que estaba próxima a la puerta de entrada, era la mesa favorita en la que siempre le gustaba sentarse. El restaurante es muy pequeño y tiene un aire familiar y hogareño, la comida se ordena por una ventanilla. La cocina es también pequeña. A la hora de ordenar lo tenía claro, su plato favorito, que a su vez quiso que degustaran sus acompañantes. El plato favorito no era otro que el que viene en el menú con el nombre de *Green Tofu Vegetable Curry*, es decir, una sopa de tofu al curry con verduras, cuyos ingredientes son, además del tofu, pasta picante de curry verde, berenjena, judías verdes (ejote o frijol verde), leche de coco, brócoli, zucchini, pimientos, calabaza kabocha y hojas de albahaca.

El problema de su estilo de vida en los últimos años es que alternaba estos hábitos sanos con el abuso de otros productos, como el chocolate y las tortillas. Este plato sí obedecía a las recomendaciones alimentarias naturistas y vegetarianas que intentaba seguir, alejado de la ingesta de carnes. Sus ingredientes son todos altamente saludables. El tofu, por ejemplo, para aquellos que no estén familiarizados con este tipo de comida, es toda una piedra angular de las dietas veganas y de la comida oriental. Conocido como el queso de la soja, es precisamente eso, una especie de queso pero elaborado con el vegetal. Tiene un alto valor en proteínas, es mucho más fácil de digerir que la proteína animal e infinitamente más indicado que la carne roja para personas, como era el caso de Juan Gabriel, con una delicada salud cardiovascular y especialmente recomendado para gente con el colesterol alto. Aporta minerales esenciales como el hierro y el calcio, contiene omega 3 y grasas saludables, y no deja residuos tóxicos.

Tomaron sus platos de sopa verde bien caliente. Al acabar de comer, recibió una comunicación de su hijo Iván, quien le anunciaba que ya estaba llegando a la casa y lo esperaba para una reunión de trabajo con unos empresarios que habían sido citados y estaban con él. Respondió que no tardaría y decidió pedir comida para llevar. Hacen una nueva orden de varias raciones de comida en el Thai Vegan y le dice al empleado que las empaque para llevarlas. Pagaron y acto seguido comentó al chofer que espere el pedido, él se irá caminando con su asistente dando un paseo hasta la casa del Blü Santa Monica. La temperatura era muy agradable. Le convenía caminar, la distancia es muy corta, se le antojó un paseo suave junto al mar.

El autor e intérprete de "Muriendo de amor" caminaría por la avenida Hollster en dirección a la playa, atravesando la avenida Ocean. Una vez allí daría un sabroso paseo por la zona peatonal para recorrer las pocas cuadras que en dirección norte lo llevarían hasta la casa. No había recorrido ni cuatro cuadras cuando empezó a sentir que no se encontraba bien. Caminó más despacio pero la sensación de fatiga aumentaba y la respiración empezó a acelerarse como si hubiera trotado 10 kilómetros. Su asistente se asustó cuando le dijo que algo no iba bien y vio que le costaba respirar. El problema es que no cargaba con él su botella de oxígeno auxiliar suplementario. Después del grave problema de salud que sufrió en Las Vegas, y debido a la insuficiencia respiratoria crónica que presentaba, Juan Gabriel había sido prescrito con oxigenoterapia. No podía ir a ninguna parte sin sus envases de oxígeno, pero esta vez no los habían cargado en el carro, estaban en la casa. Sonia entró en pánico.

Intentaba ir muy despacio. Una vez que alcanzó el paseo marítimo conocido como Ocean Front Walk, al borde mismo de la playa, los síntomas de dificultad respiratoria lejos de desaparecer iban en aumento, aún así, con la proximidad de la casa, la tenían incluso a la vista, intentó poco a poco avanzar. Llegó un momento que se sintió tan mal que pensó que podía desfallecer en cualquier instante y no pudo dar un paso más sin ayuda. Buscó desesperadamente una de las bancas para sentarse, se apoyó en una que muestra un pequeño cartel con el nombre de la generosa ciudadana que en su día decidió donarla a la ciudad de Santa Mónica en homenaje a su esposo, que respondía al nombre de Max Lile: "In Celebration of My Husband Max Lile Santa Monica's #1 fan" se puede leer en la pequeña placa sobre la madera.

No estaba para fijarse en ese tipo de detalles, ni quiso el destino que en esa banca sucediera algo trágico que la convirtiera en fuente de lágrimas, pero en esos momentos estaba albergando a todo un mito de la música internacional que respiraba con mucha dificultad e iba asustándose conforme avanzaban los minutos, él mismo temía que pudiera estar en la antesala de una parada respiratoria o un preinfarto debido a la mala calidad de la salud de sus pulmones y de sus afecciones cardiovasculares, con una arteria aorta obstruida y amenazante. Mandó con un gesto a la asistente a pedir ayuda sin perder un segundo.

Sonia salió corriendo en dirección a la casa, que estaba apenas a doscientos metros, una vez allí comenzó a gritar desesperada pidiendo ayuda. El chofer, que ya había llegado y se encontraba en la puerta esperándolos, es el primero que la ve y lógicamente se asusta.

—¡Ayuda, ayuda! ¡El señor, el señor está muy mal, por favor rápido, don Alberto no puede respirar!—, exclamó llamando la atención de algunos transeúntes que pasaban por allí.

—¿Dónde está, dónde está?—, respondió el chofer.

—Allá, allá mero en una banca, rápido, está muy mal, creo que está sufriendo un ataque—, y bajó los apenas 30 metros que separan el lugar donde estaba estacionado el carro en la Marine Terrace del paseo frente al océano en la misma Muscle Beach para señalar la banca donde efectivamente se le veía recostado, casi inerte.

—Ve y avisa en la casa, yo voy rápido a buscarlo.

De prisa, el chofer se dirige a la banca y comprueba que el señor está exhausto, respira con dificultad, su rostro refleja una palidez extrema, está recostado esperando retomar fuerza para completar los escasos 200 metros que le separan de la casa. No puede ni hablar.

El chofer, que conoce perfectamente la zona, estaciona el vehículo lo más cerca posible para recogerlo, solamente debía subir la Marina Terrace, acceder a la Appian Way girando a la derecha hasta el estacionamiento Lot 3 South, y situarlo al fondo sobre el lado izquierdo conforme se entraba, de modo que el automóvil quedara apenas a unos metros del Ocean Front Walk y de la banca en la que se encontraba inmóvil el enfermo.

Por esa zona transitan muchos latinos, pasó poco tiempo para que alguno se apercibiera de quién se encontraba en esa banca, pero cuando se acercaron con la intención de pedir un autógrafo o tomarse una fotografía no necesitaron ninguna respuesta, el mero aspecto del artista delataba su inca-pacidad. Amablemente les pidieron que no lo molestaran porque estaba muy indispuesto. Tras dejar unos minutos que tomara aire, con la ayuda de su empleado, accedió al carro que lo esperaba a pocos metros, y se fue a la casa. El agotamiento era tan extremo que le fue imposible articular una palabra.

Lo esperaba su hijo y representante Iván Aguilera acompañado de unos empresarios, unos banqueros, con los que debían revisar asuntos de trabajo, pero no se encontraba en condiciones de recibir absolutamente a nadie. Lo único que quería era atender su estado de salud puesto en alerta ante el eventual agravamiento. Quería que lo dejaran descansar, conectarse a su botella de oxígeno y decidir si podía atender la reunión en la que su-puestamente tratarían asuntos de unas inversiones. Sensiblemente angus-tiado, dijo que no quería más negocios, que ya tenía bastantes preocupacio-nes, que no tenía fuerzas y que con lo debilitado y angustiado que estaba le parecía una falta de consideración plantearle siquiera el asunto. A la media hora pidió a los empresarios que se fueran.

13

Pantuflas
para el último show

Juan Gabriel estaba más preocupado todavía por su estado de salud después de sufrir el percance del Ocean Front Walk. Era sólo un día antes del concierto en el recinto The Forum de Inglewood, pero se negó a solicitar un médico y aplazar ese concierto. Ya lo había demostrado cuando le sucedió el incidente de Las Vegas y lo había manifestado: el artista daba prioridad a su público, a sus aplausos y a sus fans por encima incluso de su estado de salud. Pocos doctores que lo hubieran recibido luego de la crisis respiratoria del jueves 25 lo hubieran dejado cantar un día después con el esfuerzo físico que siempre requiere un espectáculo de estas características que además, el autor e intérprete de "Lágrimas y lluvia", solía prolongar desmedidamente.

The Forum fue conocido durante mucho tiempo como el Great Western Forum, un recinto polideportivo que fue hogar de Los Ángeles Lakers de la NBA y de Los Ángeles Kings de la National Hockey League hasta finales del siglo XX, antes de que mudaran al Staples Center. Está situado en la ciudad de Inglewood, en dirección sureste partiendo de Santa Mónica, con una capacidad de 17,000 espectadores en los conciertos. Aparte de evocar para siempre la magia de jugadores que allí se convirtieron en leyenda como Kareem Abdul—Jabbar o Earvin "Magic" Johnson, pasará a la historia ahora también por haber sido el recinto que acogió el último concierto de todo un icono de la música latinoamericana como Juan Gabriel.

Es difícil afirmar con rotundidad que aquel día el cantante tuviera un presagio consciente de que el final estaba muy cerca, pero todo apunta en ese sentido. Quienes estaban junto a él no podían dejar de notarlo raro por momentos, con gestos o comentarios que no eran frecuentes en él y sobre todo muy nostálgico, con unas sensaciones muy extrañas. Por lo demás el ritual de aquel viernes 26 de agosto, antes de dirigirse al Forum, no difirió del que era habitual. Descanso máximo, ejercicios respiratorios y extremo cuidado tanto de la alimentación como de la garganta.

A las 6 de la tarde puntualmente la comitiva se puso en marcha camino de Inglewood. Juan Gabriel salió ataviado como siempre, iba callado, no hablaba con nadie, se le veía muy serio y muy pensativo. Tosía excesivamente en el trayecto, tan fuerte era la tos que no dudó en recurrir a unas pastillas que tenía a la mano en el neceser del vehículo, de esas genéricas que cualquier persona tiene siempre en su botiquín igual que se tienen los analgésicos, los antiácidos y los antidiarreicos.

En cuanto accedió al recinto y se reunió con su *staff*, sorprendió a todos con una afirmación, contundente e imperativa, aparentemente caprichosa e injustificada, que se hizo extremadamente extraña tanto por la forma en el tono como por el fondo en el deseo.

"A las 8 comienza el show, ni un minuto más tarde. Hoy quiero que comencemos puntuales", esto dejó bastante perplejo a todo el equipo que casi sin creer lo que escuchaban y de manera unánime se quiso oponer a tal deseo, en especial aquellos que tenían la confianza para contradecirlo como "El Abuelo", su *stage manager*, o su hijo, y a la vez representante, Iván Aguilera, quien le recriminó esa actitud e intransigencia aduciendo los motivos por los que no debía empezarse a la hora en punto, y dando lugar a un pequeño enfrentamiento entre ambos que sembró cierta tensión en el ambiente pero no pasó a mayores. El caso es que, como siempre, acabaría prevaleciendo la voluntad del artista.

Su personal, desde la perspectiva del procedimiento habitual, tenía razón. Normalmente los conciertos no empezaban puntuales. Esto obedece a una lógica, incluso hasta a una cortesía de la organización para esas personas que siempre se demoran un poco por verse envueltas en embotellamientos de tráfico o en cualquier otra circunstancia que les impide estar a la hora señalada dentro del auditorio. Entre 20 minutos y media hora es un tiempo prudencial que se suele esperar sin que nadie proteste por ello, pero en esta ocasión, por una razón aparentemente irracional que sólo el autor de "Así fue" conocía, el espectáculo iba a comenzar exactamente a la hora anunciada, lo cual sorprendió a la mayor parte del público que en buena medida todavía estaba entrando y a otros que en la zona de bebidas esperaban relajados creyendo que se demoraría, como siempre, unos minutos en comenzar.

Con el ambiente y todo el mundo un tanto enrarecido por la exigencia de empezar a la hora en punto, Juan Gabriel sorprendió a sus colaboradores con otra petición extravagante. Pidió las pantuflas que solía usar para su comodidad en las suites, en las casas en las que se quedaba o a veces al acabar los conciertos. En aquellos momentos no hay una explicación lógica para semejante antojo. ¿Para qué querría el señor las pantuflas si ya el show iba a comenzar? De la perplejidad algunos pasaron a la zozobra y a las malas vibraciones en apenas segundos, sabedores de lo que había pasado un día antes, del mal estado de salud del artista y de esos raros comportamientos que venía mostrando en los últimos días. Comentaban en voz baja que al parecer el señor temía que le pudiera pasar algo en el escenario y se antojaría de tener cerca sus íntimas pantuflas. Y no solo eso, apenas cinco minutos antes de empezar el show, le pidió también súbitamente a Sonia, la encargada de su vestuario, un detalle para el cuello: "Quiero algo bonito y rápido."

Quienes resolvían a toda prisa estos imprevistos no conocían el hecho de que no muchos días antes había insinuado que de morir lo haría con las botas puestas. Fue Gabo quien, sabedor de la anécdota, nos relacionó las pantuflas con las botas de la metáfora, quebrado por la emoción del recuerdo, con un nudo en la garganta. Si sus colaboradores lo hubieran sabido, el desasosiego que vivieron en aquellos instantes hubiera sido todavía mayor. Con el espectáculo comenzado, un carro tuvo que volver hasta el punto de partida del Blü Santa Monica para recoger las pantuflas y regresarse rápidamente con ellas al auditorio. Debido a la distancia y al tráfico, las pantuflas llegaron cuando el concierto estaba cerca de terminar.

Antes de que empezara el espectáculo, unas pocas fans estaban a punto de convertirse sin quererlo en protagonistas especiales, porque, sin saberlo en ese momento, serían a la postre las últimas admiradoras que tendrían el privilegio de conocer y tomarse fotos con el cantante. En medio de la emoción y las risas de esos momentos tan especiales ninguna de ellas podía sospechar que a su ídolo le quedaban menos de 48 horas de vida.

Todo vino por un concurso llamado *La lista de tus sueños*, organizado por la asociación AARP, en el que Consuelo Morales y Aydee Borroel se habían ganado el acceso a los camerinos antes del concierto junto a unas pocas personas de su entorno que ellas mismas invitaron y así conocer al autor e intérprete de "Amor del alma." Aydee, originaria de Guadalajara, quien esa noche acudió con su mamá, su tía y su abuela, recordaba en conversación para una nota de Televisa Espectáculos con Juan Manuel Navarro, coautor de este libro, cómo habían pasado momentos de alegría: "Ya nos estaba esperando en el camerino y en cuanto entramos mi familia y yo, él nos saludó muy bien, fue un saludo muy genuino con mucha sinceridad y pues las palabras que él usaba, nos decía *mi vida, hermosas* y fue algo maravilloso. Como yo soy fotógrafa, mi más grande meta y sueño era tomarle fotos, yo le conté eso y me respondió que sí, que si quería que le tomara fotos nada más me pusiera en contacto con su equipo. En ese momento no pensé que fuera la vida real, porque pensé, un artista como Juan Gabriel no le puede hacer caso a una persona que en realidad no es nadie, que ni siquiera es un fotógrafo conocido, yo en realidad no pensé que fuera de verdad pero su respuesta sonó muy sincera."

La admiradora reflejaba en realidad el ambiente de aquel encuentro. A pesar de que el cantante había discutido previamente con su equipo por la hora del comienzo, no estaba en absoluto afectado por ello, y se mostró tremendamente amable y dispuesto a tomarse todo tipo de fotografías y compartir tiempo con sus admiradoras. Tan fue así, que él mismo instruía en la manera de cómo posar para la fotografía.

Todavía faltaba una sorpresa esa noche. Daniel Lewkowicz estaba en la India por motivos personales y no había iniciado la gira a bordo del "Noa Noa Express". Regresó de Asia y fue derecho al Forum. Nadie lo esperaba allá. Accedió al camerino, llamó y saludó para ver la cara de sorpresa de su amigo: "Hola Alberto." La sorpresa se la llevó él al escuchar que preguntaba quién era. "¿Ya no reconoces mi voz?", le dijo al tiempo que él se volteó y reaccionó, le dio un abrazo, y Daniel le dio algo que le había traído de la India. Para el piloto, quien narró esa anécdota para este libro, aquello fue una prueba palpable de la doble personalidad: "Minutos antes del show ya era Juan Gabriel, cuando estaba vestido ahí ya no era Alberto, ahí era Juan Gabriel y Juan Gabriel era diferente a Alberto, por eso no me reconoció, luego se convirtió en Alberto por un minuto, era diferente, yo nunca había visto cómo podía salir de Juan Gabriel, cuando ya estaba en su personalidad, para convertirse en Alberto por un minuto, me impactó muchísimo. Cuando se transformaba en Juan Gabriel ya era muy difícil que alguien le hablara de cualquier cosa porque era el *showman*, ya no era Alberto tu amigo, era un *performer* que hacía un show y cuando terminaba se quitaba el uniforme de Juan Gabriel y se convertía nuevamente en Alberto."

Aquella noche, después del show, fue la última vez que lo vio. El día siguiente, sábado, le escribió un email a las 7 de la noche que decía *Danny ven*, "yo, que no me estaba quedando en la casa sino en el Residence Inn, lastimosamente no vi el email hasta las 10 de la noche, era tarde para ir a verlo, al día siguiente me tenía que levantar temprano para ir al aeropuerto y volar a El Paso".

El show empezó puntual. Con el transcurrir de los minutos las 17,000 personas que habían agotado el aforo se acomodaron para disfrutar del espectáculo que duró dos horas y media. El Divo de Juárez se presentó con un traje de color negro. Más adelante se despojaría del saco para lucir una camisa de color azul brillante. El escenario tenía sillas ubicadas a modo de descansillo de modo estratégico para que el artista pudiera usarlas en cualquier momento y alternar la interpretación de pie con ratos sentado a fin de que no fuera tan agotador.

El personal estaba prevenido por si se repetía una escena parecida a lo ocurrido en Veracruz cuando visiblemente afectado, con dificultades para moverse, apenas si podía caminar sobre el escenario, y aunque intentaba disimular entre la música, tuvo que acabar haciendo un gesto de pedir ayuda a algunos bailarines, que consiguieron llevarlo hasta la zona de las pequeñas escaleras que conducían al *backstage,* y una vez ahí recibir ayuda para descender del personal auxiliar para llevarlo al camerino. No llegaría a esos extremos en el Forum, pero sí acabó mal, exhausto, agotado.

Las pantallas del escenario mandaban en nombre del artista un mensaje: "Felicidades a todas las personas que están orgullosas de ser lo que son." Su cuenta de Twitter había publicado poco antes otro mensaje a una hora que estaba en mitad del concierto. Twitter señala las 21:30 horas de Los Ángeles, del 26 de agosto, este trino enlazado a un vídeo de 30 segundos con el fragmento de la canción:

> **Juan Gabriel**
> @soyjuangabriel 26 ago. 2016
> Tan solo besame y sabras …. #EternamenteAgradecido
> #MeXXIcoestodo https://umle.lnk.to/zKvYgFp

No es lo único que aparece en redes sociales. Simona e Iván habían publicado imágenes del *backstage* en el arranque de la gira. Ambos captaron el momento en que acompañaron a Juan Gabriel al que sería su último concierto, luego de una carrera exacta de 45 años. En el mes de agosto de 1971 grabó su primer disco, y en agosto de 2017 la muerte lo separó de su matrimonio eterno con la música. Su nuera, quien lo llama "suegro", publicó un vídeo de este último show.

> *No Tengo Dinero* Juan Gabriel ft. Zona Prieta...
> #JuanGabriel #ZonaPrieta #MeXXIcoEsTodo #MiSuegro
> #MiFamilia #JGTour2016
> (disculpen por la mala calidad del video)

Fue lo que escribió al compartirlo. Difícil presagiar para ellos en ese momento lo que iba a suceder no muchas horas después. Tan difícil que de hecho ellos se adelantaron y viajaron por anticipado a El Paso, la que era la siguiente parada de la gira, el domingo 28.

Gustavo Farías lo fue a ver también a Inglewood ese día viernes. Estaba en primera fila, donde intercambió varias miradas con él. Lo vio muy fatigado. Esperó al final para que Gilberto Andrade fuera a recogerlo como le había dicho y pasarlo al camerino. El tiempo pasó, nadie llegaba a buscarlo y en un momento dado la seguridad del Forum lo sacó del lugar. Decidió entonces marcar al teléfono de Gilberto, quien le dijo que el señor se encontraba muy cansado y se había ido ya camino de su casa a descansar, que mejor se veían al día siguiente.

Una vez concluido el show, Juan Gabriel quiso regresar rápidamente, casi sin parar en el camerino. Salió tan extenuado que incluso se equivocó de vehículo y entró en uno que sí era de su comitiva pero no era el suyo.

El momento no era el más idóneo para arrancar debido a que coincidía con la salida de la mayor parte del público. Si no se cuenta con escolta policial es mejor esperar un poco, pero ni modo, el señor no se encontraba bien y quería salir de allí inmediatamente.

Estando el vehículo parado en uno de los semáforos, sintió otro arrebato sentimental y mandó parar para saludar a una mujer. Bajó el vidrio del carro justo con un río de gente pasando alrededor por la acera. Se fijó en una señora ya de avanzada edad y la llamó. Ésta, al ver de quien se trataba, emocionada, casi entra en estado de shock, y él rápidamente le dijo con un gesto que se acercara sin decir nada.

"No, no, es nomás para usted… No diga nada porque si no toda la gente se va a venir para acá. Quería nomás saludarla a usted, es una atención sólo con usted. ¿Sabe? Me hizo recordar a mi mamá…" Y tras lanzarle un beso lleno de ternura subió el vidrio y el vehículo arrancó reanudando la marcha.

La señora quedó paralizada, con una alegría enorme, contando rápidamente a todo el mundo que el cantante se había detenido sólo para saludarla.

Esa noche quiso ir a cenar otra vez al Thai Vegan, buscaba en los alimentos saludables un efecto placebo que mitigara el desgaste y el cansancio. Al llegar a Main Street en Santa Mónica comprobaron que estaba cerrado. Un camarógrafo intentó grabarlo en ese momento sin éxito. Decidieron entonces ir a la casa. Comerían algo ligero y a descansar.

14

la última cena

El sábado 27 de agosto el productor Gustavo Farías llegó sobre las 3 de la tarde al estudio de grabación y se puso en contacto vía email con el autor e intérprete de "Te quise olvidar" para ver si estaba todavía en Los Ángeles y si finalmente se iban a encontrar como en un principio habían quedado. Le respondió que estaba muy cansado, que al día siguiente cantaba en El Paso, que mejor aplazaban ese nuevo encuentro. Sus sensaciones y su energía no eran las mejores para grabar la voz de la canción del dueto con la cantante estadounidense Aretha Franklin. Farías sobreentiende con esa respuesta que ya está en Texas. La idea inicial, de hecho, sí era viajar el sábado hasta El Paso, pero el artista decidió modificar esos planes y comunicó a su equipo que prefería volar a la mañana siguiente, mismo día de la actuación en la texana ciudad fronteriza. Su única actividad del día iba a ser una cena con su gran amigo Guillermo Rosas y el prometido de éste, que según pudimos saber por su narración en una entrevista, tendría unos tintes nostálgicos y unos recorridos similares al paseo que había realizado un par de días atrás.

Guillermo Rosas es un conocido promotor de conciertos y ejecutivo que en esos momentos se encontraba manejando las carreras de Gloria

Trevi, Chiquis Rivera y Anahí. Él lo había invitado a la boda que iba a celebrar en Europa con su prometido Julio Reyes días después, en el segundo fin de semana de septiembre, en un lujoso hotel tipo castillo al sur de la ciudad de Roma, Italia. Allí se iban a dar cita otros artistas como Gloria Trevi y Chiquis Rivera, pero al Divo de Juárez le iba a ser imposible asistir ya que se encontraba en plena gira. Aquel sábado era por tanto el único día que podrían salir juntos.

Juan Gabriel y Guillermo se conocían desde el año 2004. El acercamiento fue del propio Guillermo como reconoció públicamente, ya que estaba muy interesado en promover sus conciertos, "era el artista que más admiraba en la industria de la música latina, estaba fascinado con él", señaló. La amistad en sí se empezó a forjar en el año 2006, cuando Rosas acudió de la mano de un amigo suyo a verlo actuar en un Palenque en la ciudad de Aguascalientes, México. Aquel día tuvieron una larga plática alrededor de la mesa mientras cenaban en un hotel, donde se plantearon la posibilidad de hacer negocios con la empresa que regentaba en aquel momento, llamada Roptus. La empatía entre ambos fue inmediata. Pocos días después la reunión dio sus frutos para que Roptus pudiera producir espectáculos de Juan Gabriel con un contrato de dos años de duración que en realidad fue el punto de partida de una gran amistad que duró hasta el fallecimiento. Las largas temporadas que el autor e intérprete de "Luna llena" pasaba en Los Ángeles permitió que ambos pudieran disfrutar mucho tiempo juntos y reforzar sus lazos de amistad.

Entre las anécdotas más entrañables que Guillermo Rosas recordó estaba la de la velada con el grupo RBD: "En el año 2008, cuando yo dirigía RBD, los cuales pasaban por un momento particularmente exitoso, lo llamé y le dije que estaba comiendo en mi casa con los seis niños de RBD y su productor. Ya era de noche y nos quedamos en una piscina haciendo barbacoa, cuando Alberto me llamó y me dijo que saliera. Lo hice, y allí estaba él. Había sido una gran sorpresa para hacer mi noche aún más especial. Cuando entramos y dije que conocieran a mi amigo Juan Gabriel no lo podían creer. Aquella noche nos quedamos como hasta las tres o las cuatro de la mañana platicando y compartiendo, fue una de las noches más increíbles que tuvimos con el grupo."

Recordó también otra anécdota de años atrás, en Cancún, cuando se casó Paulina Rubio. Les dijo que iba a sorprenderla en su mañana de la boda, para lo que llamó a su mariachi en la medianoche y les hizo buscar trajes de blanco para que llegaran todos vestidos de ese color a la recepción. Recuerdos y más recuerdos, como aquellos del último encuentro de la noche del sábado 27 de agosto con su amigo y con su esposo, entonces prometido, Julio Reyes, cuyos detalles los dio a la revista *Billboard*.

Guillermo no había podido asistir al show de Inglewood. La boda era el 10 de septiembre y el 11 estaba programado uno de los shows de la gira *MéXXIco es todo 2016*, por tanto no había modo. El único día en el que podían brindar por el enlace, aunque fuera anticipado, y darles su bendición era ese sábado. Quedaron a primera hora de la tarde, alrededor de las cuatro. Guillermo pasó por el Blü Santa Monica a recoger a su amigo. Le iban a dar el gusto de llevarlo a cenar comida tailandesa, una de sus favoritas. No notaron nada raro, lo vieron bien y según el testimonio del promotor él nunca les comentó de lo achaques que venía padeciendo últimamente, mucho menos de lo que le había sucedido apenas dos días antes, esto es lo que le dijo a *Billboard*: "Se veía saludable y así se lo dije; que me hizo feliz verlo tan bien y tan enérgico, porque hubo momentos en los que no estaba tan bien. Nos despedimos y nos hizo planes para vernos dentro de cuatro semanas en Anaheim. Él nos llevó a la puerta, y nos fuimos. Me siento muy privilegiado y bendecido por haber compartido un día tan increíble. Fue un día lleno de alegría, risas y amor. Juan Gabriel fue para mí el artista más extraordinario que he conocido y un amigo fascinante para toda la vida."

Esa despedida a la que alude fue en la casa donde se alojaba el artista, a la que habían ido después de la cena y donde se quedaron un buen rato charlando. Hablaron de todo un poco tal como declaró entonces: "Más tarde, fuimos a su casa y charlamos acerca de la música, en su comedor. Julio es un cantante y compositor, y él siempre le daría punteros. Hablamos de todo, de la vida, la música, la historia, le gustaba hablar de la historia de México. Del amor, hablamos sobre el amor en todas sus facetas. Dijo que el secreto era comprender, aceptar y perdonar, y que como pareja, mi responsabilidad era grande porque yo era mayor. Él habló mucho sobre la confianza."

Antes de eso, se había producido otra demostración de la nostalgia que embargaba al cantautor en esos días y que Guillermo Rosas describió perfectamente en aquella entrevista: "Después de cenar nos llevó alrededor de Santa Mónica. Era un poco nostálgico y quería conducir por las calles que le gustaban allí. Julio le mostró la aplicación de bienes raíces *Zillow* y él estaba tan entusiasmado con la posibilidad de comprar una casa de nuevo en la zona. En un momento dado nos pasó por una casa increíble, y yo le dije que ésa sería perfecta. Él se rió y contestó *¿para qué necesito una casa tan grande? Todo el que solía visitar está muerto*. Fue en realidad la única alusión a la muerte. Luego nos dirigió a una casa en Pacific Palisades, frente al océano, y nos dijo que había sido su primera casa en Los Ángeles. Tuvo que dejarla después del terremoto de Northridge en 1994, ya que sufrió problemas estructurales. Dijo que había pasado el año más feliz de su vida allí. Vi como una bendición ser capaz de llevarlo a un lugar que le trajo alegría."

Rosas recordó que aquella noche los hábitos de su amigo habían sido bastante saludables, él sabía que no bebía alcohol: "Nunca bebía desde que lo conocí. De hecho, yo solía beber mucho cuando lo conocí y siempre me decía que disminuyera. Esa noche tuvo un batido de mango y teníamos agua. Él quería quedarse más tiempo, pero yo sabía que tenía que viajar, por lo que a las once de la noche más o menos, nos abrazamos y antes de despedirnos tomamos la foto. Siempre solía decirme *no mire a la cámara; tenemos que pensar en algo hermoso*, y eso es lo que hicimos." Sería la última foto en la vida de Juan Gabriel.

Al día siguiente había que ponerse en marcha rumbo a El Paso, Texas.

15

"¡Se nos muere el señor!"

Son las 8 de la mañana del 28 de agosto de 2016, un día espléndido de luz y sol, con temperatura ideal en la playa de Santa Mónica. Crescencio, un inmigrante mexicano empleado en One Life Natural Foods, prepara por encargo dos botellas de jugo de 32 onzas (un litro) de capacidad cada una. Crescencio, que conoce la fórmula de ingredientes que debe usar por su paisano y compañero Pedro, hacía su trabajo con el orgullo añadido que se siente de saber que el destinatario de aquellas mezclas es uno de los más grandes iconos de su país, nada más y nada menos que el cantante Juan Gabriel, por lo que se esmeraba en ser puntual y eficiente.

Minutos después, alguien del entorno del cantautor pasa a recoger el jugo para llevarlo a la lujosa casa donde se hospeda el artista, situada en el número 11 de la Marine Terrace, esquina hacia el oeste con el 1719 del Ocean Front Walk y hacia el este con la Appian Way, dentro del exclusivo complejo Blü Santa Monica, cuyas residencias ofrecen una vista espectacular a la playa y al famoso Pier, desde las recámaras y terrazas con jacuzzi. La casa en la que se queda es la número 5, está en la segunda línea de playa respecto a la que hace esquina al paseo, pero del mismo modo el confort y el paisaje son imponentes. Aquel día, además, la vista desde la propiedad es radiante, pues amaneció un día soleado y despejado en el sur de California, y el ambiente alrededor de la playa y el paseo marítimo es armonioso y muy luminoso, con ese tono tenue de las primeras horas de la mañana.

La bebida llega puntual a la hora prevista. El señor había ordenado estar listos alrededor de las 9:30 de la mañana. Cuando despertó, ni la majestuosidad del horizonte ni el hermoso sol de la mañana contrarrestaron el malestar físico con el que amaneció, con una tos intensa y un profundo malestar que no mermará con su jugo naturista favorito.

A las 9 horas está citado el transporte y el personal de seguridad. Dos vehículos llegan puntuales a esa hora para recoger a las personas y el equipaje. Se estacionan en la puerta de la Appian Way, acto seguido llega el tercer vehículo en el que viajará el cantante. Avisan de su llegada y esperan. Alrededor de las 9:45 el equipaje está preparado para subirlo a los carros, se deja todo listo para que aproximadamente a las diez salga el artista y la expedición se ponga en ruta hacia el aeropuerto donde le espera Danny Lewkowicz a bordo del avión privado que lo llevará al próximo destino de la gira en El Paso, Texas.

El reloj avanza, los equipajes ya han sido cargados pero nadie sale de la casa. Van a pasar las 10:30 de la mañana. Nadie afuera se extraña, sabían que muchas veces el artista se demoraba más de la cuenta sobre la hora que los citaba, por lo que nada raro había en el hecho de que el reloj comenzara a avanzar más allá de la hora prevista. Mientras tanto, adentro de la casa, la tos, la dificultad respiratoria y el malestar del artista van en aumento. Le preparan un jugo de jengibre con miel y limón y preguntan si llaman a un médico, a lo que Juan Gabriel se niega, creyendo que como otras veces el malestar disminuirá. Se limita a solicitar su botella de oxígeno para que le ayude con la respiración que cada vez se le hacía más dificultosa, agravada con una tos en aumento. La fuerte tos desencadenará las náuseas, por lo que instintivamente buscó el lavabo en el cuarto de baño adjunto a la gran recámara para intentar expectorar y vomitar. La dificultad para expulsar las flemas y el vómito, mayormente líquido, provocarán una broncoaspiración. Será el principio del colapso.

Embargados por la angustia y la desesperación, la situación de emergencia dentro de la casa empieza a ser muy crítica. Gilberto Andrade se pone inmediatamente en contacto con el piloto Danny Lewkowicz para informarle del incidente y pedirle que despegue de inmediato a El Paso en busca de Iván Aguilera. El cantante presentó síntomas muy delicados de insuficiencia respiratoria en esos momentos y debido a sus antecedentes pensaron en lo peor, puede estar en el principio de un ataque cardíaco. Como se recoge en el informe forense, había pasado la noche tosiendo, y en la mañana la tos empezó a agravarse y a presentarle problemas de respiración, por lo que solicitó que le proporcionaran oxígeno a través de su máquina de respirar. La crisis no cedía, sino que se sentía cada vez peor, al problema de respiración le siguieron las náuseas. Estos síntomas, según fuentes médicas consultadas, pueden deberse a un cuadro previo de un infarto de miocardio o simplemente a una complicación broncopulmonar, justamente lo que le había sucedido dos años antes en Las Vegas. En cualquiera de los dos supuestos y tal como recoge el citado informe, él buscó alcanzar el lavabo en su intento desesperado de expectorar y expulsar el vómito inminente.

Es en el cuarto de baño de su amplia y lujosa recámara de la tercera planta de la casa donde se gesta el colapso. La crisis respiratoria es tan aguda que en casos así se puede presentar un alto riesgo de que el paciente sin querer pueda aspirar su propio vómito, riesgo mayor si es más líquido que sólido, como se desprende del hecho de haber ingerido una buena cantidad del jugo naturista que había ordenado en la mañana. Una vez aspirado en el camino inverso desde la faringe a la tráquea y los pulmones, lo que se denomina broncoaspiración, se produce una peligrosa neumonitis y se agudiza la insuficiencia respiratoria. La ingesta de fármacos para el sueño pueden favorecer este accidente, y según consta en el análisis que se efectuó posterior al deceso y que figura en el informe forense, la única sustancia que se halló en la sangre del cantautor fueron 0.30 miligramos del activo somnífero que tomaba.

El divo presentaba todos los síntomas de la broncoaspiración: dificultad para respirar, crisis de tos, estridor, que es como se denomina al ruido que se hace al respirar, esputo, cianosis progresiva, que es una coloración amoratada de la piel y finalmente pérdida del conocimiento. Se estaba ahogando, síntomas de un edema pulmonar que confirmaron algunos testimonios públicos. Carlos de Regil, conocido como André de Regil, quien estuvo al cuidado del estudio de grabación que el cantautor tenía en su morada de Cancún, reveló en el programa *Ventaneando* de TV Azteca uno de estos síntomas, la expulsión de esputo. Gilberto Andrade le había hablado desde Los Ángeles diciéndole que el señor se quejaba de molestias y flemas en la garganta, y que por fin había accedido a que lo viera un doctor porque tal y como era habitual en él, no quería ir de ninguna de las maneras: "Voy al doctor pero si me lo llevas, a la hora que yo aterrice en El Paso", fue la condición que puso para dar su brazo a torcer. Regil, según su propio testimonio, habría sido el encargado de coordinar al doctor, pero cuando a los pocos minutos habló de vuelta con Andrade para decirle que todo estaba en regla, la conversación habría dado un giro de 180 grados y el *road manager* le auguró un fatal desenlace: "Vete preparando porque te tengo malas noticias, el señor no respira, hice todo lo posible pero no respira." Regil reveló que Gilberto le habría contado que el señor tenía esputo: "Un líquido asalmonado que va saliendo de los bronquios que se llenan y dejan sin capacidad pulmonar."

Poco antes de desmayarse, en plena angustia y desesperación, intentó aferrarse al lavabo ante la impotente mirada de Efraín y Gilberto, ambos visiblemente asustados, que junto a la asistente Sonia decidieron pedir urgentemente ayuda al personal que aguardaba en el exterior. Dentro de la casa, junto a un Juan Gabriel moribundo e inconsciente en el piso, se quedó en ese momento únicamente su compañero, Efraín. Nadie estaba capacitado ni sabía cómo dar los primeros auxilios de la emergencia, no había ni un doctor, o enfermero, ninguna persona dentro de su equipo con los conocimientos médicos imprescindibles para saber qué hacer en una crisis como esta.

El 911 es bilingüe en California, esto es lógico pues no se puede olvidar que el área de Los Ángeles es la segunda ciudad del mundo en la que residen más mexicanos después de Ciudad de México, se hubiera podido hacer la llamada desde dentro de la casa ante el agravamiento de los primeros síntomas, pero al igual que había sucedido en Nevada dos años antes, la terquedad del cantante y su temor a levantar una alerta sobre su estado de salud demoró esta acción, hecho que posiblemente, a tenor de testimonios médicos consultados, pudo costarle la vida.

Las pláticas banales para matar el tiempo del personal que esperaba en la calle, que había empezado a elucubrar con el hecho de que eran ya las 11 y el señor no salía, se vieron súbitamente interrumpidas. De repente se sorprendieron al ver la salida de dos de las personas más allegadas al cantante, concretamente Sonia Magaña y Gilberto Andrade, quienes en mitad de la calle, gritando, solicitaron ayuda desesperadamente:

"¡Se nos muere el señor, se nos muere…! ¡Don Alberto se nos muere!" Se le escuchó exclamar a Sonia en plena desesperación, gritos que retumbaron a lo largo de la avenida.

Desde ese momento se entra en estado de emergencia. Alguien debe hacer una llamada al 911. Por desgracia, era demasiado tarde.

16

"dejó de respirar"

Alertados, sin tiempo que perder, los miembros de seguridad y transporte que esperaban en la calle reaccionaron inmediatamente trabajando en equipo. La persona al frente del mismo, que habla inglés a la perfección, se adentró en la casa al tiempo que con su celular marcó el 911, mientras sus compañeros despejaban la calle moviendo los vehículos desde la entrada principal al callejón de Terrace, preparando así la llegada de los vehículos de emergencia para que no encontraran obstáculos de ningún tipo. Limpiaron el área y esperaron para hacer de guías a los paramédicos a fin de que cuando llegaran, accedieran a la casa lo más pronto posible.

A las 11:05 de la mañana, el teléfono de emergencias 911 recibió una llamada desde Santa Mónica. Lo atendió una operadora que responde al apellido de Castro. La parte de la transcripción de dicha llamada que es de dominio público revela una conversación escueta e interrumpida.

—¿Es esta una emergencia?—, pregunta la operadora.

—Sí, necesito una ambulancia, es una súper, súper emergencia–, responde el interlocutor.

—¿Cuál es la emergencia? ¿Cuántos años tiene la víctima? ¿Cuál es la dirección del lugar?

Esta respuesta fue bloqueada por la Policía. La dirección es sabida, la edad también, la descripción de la emergencia debería haber respondido a un hombre inconsciente en presunto ataque cardíaco. La operadora siguió hablando.

—No se retire del teléfono, active el altavoz, de esa manera si ocupa algo yo puedo ayudarlo a través de la línea telefónica. ¿Quiere que le diga qué hacer?—, pregunta.

—Sí–, responden.

—¿Está en la cama o en el piso?–, cuestiona la operadora.

—Señora no puedo, no puedo hablar con usted. Ok, necesito que envíe una ambulancia–, es la respuesta confusa, probablemente presa de los nervios, que recibe la operadora sin escuchar si la víctima se encontraba en el piso, como así era, o en la cama.

—Ok, ya van en camino los paramédicos. ¿Está la puerta con llave o abierta?–, vuelve a preguntar, pero no halla respuesta.

—Ok, ok, adiós…—, tras lo cual se hace una larga pausa y la llamada se corta en ese momento.

Tiene dificultades en restablecerla, pero cuando lo hace es para prácticamente concluirla sin que la operadora pueda brindar más ayuda desde el otro lado de la línea.

—Hola, estoy llamando de los paramédicos nuevamente, sé que se desconectó la llamada, necesito saber si necesita instrucciones—, insisten.

—Señora casi no la escucho, no hay modo…

Los equipos de emergencia demoran muy pocos minutos en llegar. La primera en acudir es la camioneta que parece un vehículo de construcción en la que van todas las herramientas, a la que dirigen desde el exterior. Luego llegan la ambulancia y un carro de bomberos, paran todos en la Appian Way. El personal de seguridad que los espera apremia a los paramédicos, quienes se estacionan en la rejilla y son inmediatamente dirigidos al lugar donde se encuentra el paciente. Entran rápido, les dicen que es en el tercer piso. Los paramédicos no habían demorado ni cinco minutos desde el fin de la llamada. Acceden rápidamente a la parte de arriba de la casa donde se ubica la habitación en cuyo baño la víctima se está supuestamente debatiendo entre la vida y la muerte, eso es al menos lo que piensan con la esperanza de hacer algo y cambiar el desenlace final.

Son minutos de tremenda confusión en la casa, con un constante subir y bajar de los paramédicos en plena tensión. Sonia sigue presa de la histeria con gritos de desesperación e impotencia y escenifica lo que se vive en ese momento, un foco de angustia máxima, principalmente en esa área de la casa donde no hay acceso al espacio en el que están sucediendo los hechos, pues no saben qué está pasando, si el señor ha fallecido o si sigue vivo, si los paramédicos pueden hacer algo o no. El sentir atribulado de la asistente es el mismo al del resto de personas que no están en el cuarto, con una desazón por todo ello mayor que la de quienes permanecen todo el rato junto a la víctima, como es el caso de Efraín Martínez, quien, según los testigos, conserva la calma en todo momento a pesar de la gravedad de los hechos.

Lo que sucede en el cuarto no es nada bueno. Los paramédicos encuentran a Juan Gabriel sin signos vitales. No hay nada que hacer, cualquier intento de reanimación resultará vano. Afuera, las subidas y bajadas al cuarto de los paramédicos son interpretadas como un hilo de esperanza pensando que puedan estar en proceso de estabilizarlo, sin embargo, pronto se dan cuenta de que todos empiezan a bajar y el último de los paramédicos, viendo la cara de desesperación de las personas ante la angustia y la falta de información, hace un gesto elocuente que acaba con la mínima esperanza de cuantos aguardan en la sala, el gesto es tan revelador, señalando con el dedo hacia el suelo, que no deja duda de que no hay nada que hacer y que el fatal desenlace es un hecho. A las 11:30 del día dan a la víctima por fallecida. Estaba prácticamente muerto cuando llegaron los paramédicos. Cuando se solicitó la ayuda ya era demasiado tarde. Se asfixió y los paramédicos no llegaron a tiempo para los primeros auxilios. Como si se hubiera tratado de una profecía. Él se refirió siempre a la muerte diciendo "cuando deje de respirar", y así fue su adiós de este mundo. El propio Gilberto Andrade usó esa expresión para anunciar la noticia: "Dejó de respirar."

Más o menos 45 minutos después llegó una patrulla de la policía, consecuencia de que las noticias eran malas. Posteriormente llegó el detective encargado del caso.

• • •

Iván Aguilera y Simona se disponían a volar urgentemente de regreso a Los Ángeles. Daniel Lewkowicz, que esperaba paciente a Juan Gabriel para volarlo a El Paso, fue avisado por Gilberto Andrade que debía despegar de inmediato en busca de Iván: "Yo estaba en el aeropuerto, en Los Ángeles, esperándolos. Me habló Gilberto para decirme que Alberto estaba muy mal y que me fuera por Iván a El Paso. Le pregunté si habían hablado al 911 y me dijeron que sí. Ahí me sentí medio tranquilo porque me dijo que ya estaban los paramédicos en la casa y me dije si yo pude salvarlo dos años antes ellos van a poder también. Aterrizo en El Paso y me llama otra vez Gilberto y me dice 'Danny, ya no está con nosotros el señor, ya se fue el señor', me dejó en shock, Iván ya lo sabía, estaba ahí esperándome en el aeropuerto."

Ya de regreso en Los Ángeles, una vez aterrizados, cuando prendieron los teléfonos, tuvieron conocimiento de que la esposa del piloto, la reconocida diseñadora boliviana Rosita Hurtado, había hecho una declaración a la prensa confirmando el fallecimiento. Rosita lo sabía porque había telefoneado a su marido antes de salir de El Paso y éste se lo había dicho. Rosita no era ninguna desconocida para Simona e Iván, quienes incluso habían asistido una vez a su fiesta de cumpleaños, ambos matrimonios residen en la misma ciudad, Miami. Sin embargo la nuera de Juan Gabriel hizo un comentario que no gustó nada a Daniel y dio paso a una agria discusión que él mismo recuerda: "Dile a tu esposa que pare de hablar a la prensa, que se calle, que no sea *figureti*, me dijo gritando, y yo que venía tan afectado y además sabía lo que Alberto, que estaba de cuerpo presente, pensaba de ella, no me aguanté. Empecé una fuerte pelea porque ya tenía almacenado un montón de ella y tuvimos una discusión muy grande en el avión, desde ese día ya nunca más hablé con Iván ni con ella, se acabó. Esa fue la última vez que supe de ellos y les deseo lo mejor, he visto todo lo que sale en la prensa, he visto todas las cosas, me importa poco, en lo más mínimo, sólo les deseo lo mejor y listo. Nunca estuve con Alberto por interés de cosas o bienes. Con Iván tuve una relación de amistad, personalmente no me caía nada mal, me caía bien y me sigue cayendo bien. Me da pena en cierto aspecto, sé que en el fondo debe estar extrañando mucho a su padre, debe estar triste por lo que le ha pasado a su padre porque siempre fue criado como su hijo."

17

Cantos en la noche más larga y triste

Iván Aguilera declaró que fue inmediatamente informado de lo que estaba sucediendo. Se mantuvo en comunicación constante con la persona encargada del protocolo de seguridad y con Gilberto Andrade. Una vez informado de la gravedad de la situación y el fallecimiento, mientras esperaba el avión privado que debía llevarlo de regreso a Los Ángeles junto a su esposa Simona, comenzó a dar las instrucciones de cómo se debía proceder. Una de las premisas más claras fue la de retirar los celulares de las personas que en esos momentos formaban el entorno del cantante, es decir, Efraín, Sonia y el propio Gilberto, como precaución posiblemente para evitar comunicarse o tomar fotografías del cuerpo sin vida del cantante, acto cuya buena fe hay que presumir puesto que materialmente hubieran podido hacerlo mucho antes de verse despojados de sus dispositivos. La asistente Sonia fue la primera en ser aislada del escenario de la defunción y poco después todos ellos serían trasladados a un hotel cercano abandonando la casa para siempre. Tenían instrucciones claras y concisas de no hablar con nadie sobre lo sucedido.

La Policía debía tomar una declaración a las personas que estaban dentro de la casa al momento de suceder los hechos, que básicamente fue-

175

ron Gilberto, Sonia y el compañero del cantante, Efraín. Lo hizo en la sala de la casa. Necesitaban saber qué hizo exactamente cada uno de ellos desde el momento que se desencadenó la crisis en la víctima, si alguno estaba capacitado para primeros auxilios, si se hizo alguna llamada previa a la de emergencias, etcétera. No obstante, momentos antes de que se produzcan las entrevistas, estas personas reciben instrucciones del hijo del cantante, Iván Aguilera, a través del coordinador de seguridad.

Una vez acabada la declaración, los tres esperaron en el sótano la instrucción siguiente, que no va a ser otra sino la de tomar sus efectos personales y trasladarse a un hotel donde estén lejos de la prensa y de la gente. Sonia tuvo una nueva recaída en el drama y la desesperación momentos antes de abandonar la casa. Sin duda era la más afectada, se manifestó con un llanto desgarrador entre gritos de impotencia, buscando en Gilberto un desahogo imposible.

"¿Te acuerdas que te lo dije? ¿Te acuerdas que les dijimos que había que ponerle un médico? ¡Y no, nada que nos escucharon! Pero ¿por qué?, ¿por qué no nos hicieron caso? Esto podía pasar… ¡Y ahora el señor está muerto!" Eran gritos de dolor, desesperación y desahogo. Ella sabía, como lo sabía el resto, que si no le habían puesto un médico es porque él mismo no quería, se negó siempre.

Subieron al vehículo que los condujo al hotel. El drama de Sonia contrastaba con la serenidad de Efraín, el compañero de Juan Gabriel, luego de haber vivido una experiencia tan dolorosa y traumática como fue la partida de un ser tan querido, además de una grandeza incuestionable, y en esas circunstancias especiales de haber estado presente en la tragedia. A los testigos les da la sensación que el trauma pudo haber neutralizado cualquier expresión. Ninguno de ellos regresó a la casa en la que perdió la vida el señor.

Iván Aguilera y su esposa Simona llegaron al Blü Santa Monica. Antes que ellos lo había hecho el promotor de la gira y Jean Gabriel, otro de los hijos. La casa se quedó custodiada por la policía con una nube de periodistas afuera, luego que el tuit de la coordinadora de Televisa Espectáculos, Mara Castañeda, anunció lo sucedido y se haya corrido la voz por todos lados. La noticia dejó a todo el mundo impactado.

En la noche del sábado 27 de agosto, Gustavo Farías le había mandado las pruebas de lo que habían hecho ese mismo día para que las pudiera checar. Eran de la canción "Con tu amor", dueto previsto con Aretha Franklin. En la misma mañana del domingo 28 recibió un mensaje de respuesta del cantautor vía email. Fue muy poco antes de morir, eran alrededor de las 9:45. Lo invitaba a que él mismo grabara unos acordes de guitarra puesto que, así le escribe, "usted lo hace muy bonito". Se trataba de las guitarras para otra canción, la que cantaría a dúo con la cantante española Rosario. Gustavo Farías respondió a su vez ese nuevo email sobre las 10:30 horas, y alistó el atril para ponerse en la tarea. Estaba precisamente en plena interpretación con la guitarra de la canción "Cuando estoy en el campo", audífonos puestos y partitura al frente, cuando recibió una llamada de un amigo de México. "Oye, que se murió el maestro", le dijo, él respondió "¿cuál maestro?", y contestó "el maestro Juan Gabriel". No lo creyó: "No, ¿cómo crees? Le acabo de mandar un email y estoy grabando unas guitarras para él, debe ser una mentira de esas de internet."

Colgó el teléfono y le marcó a Iván, quien no contestó. Entonces marcó a Gilberto, éste sí respondió, y bastó escuchar el tono de su voz para darse cuenta de que la noticia era cierta. No lo podía creer. Hacía unas horas le había pedido que grabara y ahora estaba muerto. Ese último email se quedó para siempre sin respuesta.

Farías le comentó a Gilberto su intención de acercarse a la casa para hablar con Iván, darle el pésame y ponerse a su disposición para lo que necesitara. Gustavo tenía un compromiso moral con Alberto Aguilera y estaba dispuesto a hacer cualquier cosa para ayudar, del mismo modo que el Divo de Juárez hizo una vez con él en una situación que se generó con uno de sus hijos. No obstante, pronto percibió una actitud reacia de Iván para recibir cualquier tipo de ayuda. Gilberto le respondió que le han dicho que mejor se vaya para el hotel, que Iván ha dispuesto que nadie vaya a la casa, y no puede hablar con él. Sí logró hacerlo con uno de sus hermanos, Joan, al que expresó sus más sinceras condolencias, pidió fortaleza en esos momentos difíciles y le manifestó que estaba a su disposición para cualquier necesidad logística que surgiera. Joan le transmitió que el único deseo de su hermano y lo que en verdad necesita es que por favor no hablara con la prensa. Acabó desplazándose al hotel donde estaba parte del *staff*, con ellos se dieron muchas escenas de dolor y de llanto. El éxito más absoluto que estaban compartiendo, con dos entregas de un disco que estaba ya entre los más vendidos de la década, se truncó de aquella manera inesperada y trágica. Ni él ni el personal, siguiendo las instrucciones de la familia, irían a la funeraria. El pésame a la familia no podrá darlo hasta Ciudad Juárez.

La funeraria que recibió el cuerpo fue Malinow & Silverman Mortuary, en el número 7366 de la avenida Osage, no muy lejos por cierto, paradojas de la vida, del Forum de Inglewood, en el que se había presentado dos días antes. A las ocho de la noche llegó hasta la casa una camioneta para recoger el cadáver. Tenían que bajar el cuerpo desde la habitación hasta el sótano. Se debía bajar una escalera de caracol, tarea nada fácil y que precisaba de hombres fuertes. Mientras procedían a movilizar el cuerpo, otro personal acondicionaba la camioneta para el traslado. Llama la atención que tratándose de una celebridad se tuviera que echar mano de una camioneta común forrada de plásticos negros por dentro para que no se viera el interior, cuando se podría haber usado una moderna carroza perfectamente acondicionada para esos menesteres.

El traslado del cuerpo de la planta superior de la casa al sótano donde aguardaba el vehículo es un episodio desconocido del gran público pero tremendamente desagradable para los pocos testigos que no aciertan a encajar en sus mentes, y en algunos casos en sus corazones, el hecho de que toda una estrella de la talla del Divo de Juárez no fuera trasladado en una camilla dentro de una bolsa funeraria o debidamente tapado, sino que se usó una tabla rudimentaria de las que suelen usar los paramédicos y cubierto simplemente con una sábana. Esto provocó que el traslado desde la planta superior de la casa hasta el sótano se hiciera todavía más escabroso, especialmente en el último tramo de las escaleras del garaje, antes de acceder al vehículo, donde se produciría una escena macabra. Cuando fueron a depositar la tabla en el suelo para descansar del esfuerzo y luego introducir el cuerpo más cómodamente en la camioneta, el desbalance provocó que la sábana se abriera y que el cuerpo se corriera, casi saliéndose de la tabla. La cabeza quedó colgando por fuera hasta que lograron recolocarlo y taparlo, para entonces introducirlo en el vehículo.

La salida de la casa no va a ser fácil con el enjambre de medios de comunicación apostados en la puerta, ávidos de una imagen, una novedad en mitad de tantas horas de guardia. No hay nada, ni un portavoz que dé una declaración, ni un comunicado con información de lo que se iba a hacer, nada de nada. Tampoco hay un protocolo de seguridad de la Policía que vaya a escoltar a los cuatro vehículos que conforman la comitiva de traslado a la funeraria, tres vehículos con los familiares, ejecutivos, promotores y otros allegados más la camioneta que transporta los restos mortales de Juan Gabriel. Esta falta de organización es la crónica de un caos anunciado. En el momento que se abren las puertas para que la comitiva se ponga en marcha se origina un completo drama. Algunos medios de comunicación se muestran especialmente agresivos en el intento de perseguir a los vehículos, de tal manera que en dos o tres ocasiones casi se produce un choque. Se suceden una tras de otra escenas de tensión extrema pues la comitiva debe respetar los semáforos y todas las señales de tránsito al carecer de escolta o protección policial. Algunas camionetas de prensa se suben incluso a las banquetas para sacar imágenes de Iván, el hijo de Juan Gabriel, que viaja en el segundo vehículo de la caravana tras la camioneta donde iba el cuerpo sin vida del divo.

Por fin consiguen llegar a la funeraria Malinow & Silverman, que cuenta con un garaje que impide que los numerosos camarógrafos, ágiles para situarse en el punto de acceso, pudieran captar ninguna imagen. Rápidamente los aledaños de la funeraria se van llenando de fans y periodistas a los que espera una larga noche de vela y de homenajes improvisados en forma de canciones.

Dentro de la funeraria se procede al acondicionamiento del cadáver en una caja mortuoria y se habilita una sala donde pueden entrar muy pocas personas. Toda diligencia queda al margen del público o de posibles ojos indiscretos. Se toman las pertinentes medidas para evitar que nadie ajeno a la familia o con permiso pueda acceder. Guardias privados conforman un cordón de seguridad impenetrable al lugar donde los restos mortales del gran mito de la canción mexicana esperan un destino final.

Toda la familia muestra gran serenidad y una completa entereza en la sala acondicionada donde se deposita el cuerpo. En mitad de aquella consternación y de la tensa frialdad del ambiente, empieza la cuenta regresiva para decidir qué hacer con el cuerpo. Una vez que todo quedó listo en la funeraria, sus familiares se retiran ya avanzada la noche del domingo 28 de agosto, en la que el mundo exterior llora el adiós de su ídolo a lo largo y ancho de la geografía latina.

El cuerpo permaneció toda la noche custodiado únicamente por la seguridad. Las tres personas que estaban junto a él y formaban su más íntimo entorno, su compañero Efraín, su *road manager* Gilberto y su asistente Sonia, están aislados en un hotel de Santa Mónica hasta el día siguiente, lunes, que serán trasladados al aeropuerto y desde ahí volarán a sus respectivos destinos en México. Iván, sus hermanos Hans, Joan y Jean, su madre Laura y su esposa Simona se fueron al hotel y no regresarían a la funeraria hasta la mañana del día siguiente, lunes 29 de agosto. Nadie acompaña a Juan Gabriel en el interior de la funeraria pero sí afuera, donde numerosos fans, en la calle, en vigilia, son los que velan en la noche a su ídolo y no dejan de cantar en su memoria. Le estaban dando la razón a su querido cantautor, velaban a Alberto que estaba muerto al tiempo que demostraban que Juan Gabriel era ya inmortal. Junto a ellos, decenas de periodistas de guardia en espera de acontecimientos. Una larga noche en vela.

18

¿Qué detuvo su corazón?

Tras las diligencias que la policía había realizado en el condominio de Santa Mónica, el protocolo forense quedó activado. El portavoz de la Oficina del Forense del Condado de Los Ángeles, al que tuvimos acceso, comentó que son muchas las ocasiones en las que por cuestiones religiosas o personales muchas familias no desean hacer la autopsia de los fallecidos. Éste fue el caso. La familia, representada por Iván Aguilera, heredero universal y descendiente directo más próximo, lo que legalmente lo convertía en la única voz autorizada, declinó la autopsia, manifestó a los agentes que no se había dado ninguna circunstancia especial sospechosa, que la muerte se debió a los problemas de salud que arrastraba el difunto y por tanto no era necesaria. En este caso, el Department of Coroner suele enviar a un investigador para que confronte los hechos. El funcionario que se presentó en la funeraria a la que se había trasladado el cuerpo, identificado en el informe con el apellido García, quien declinó realizar declaración alguna al requerimiento que se le hizo para este libro aduciendo que no le estaba permitido hablar del caso, no detectó signos de violencia ni ninguna anomalía que implicara actuar con una investigación de oficio, creyó la versión de la familia y por tanto se pudo autorizar para proceder sin mayor impedimento legal. No obstante, dicha Oficina del forense envió a la funeraria a otra persona para que tomara muestras de sangre al cuerpo.

La versión que recibe el funcionario es que en plena crisis respiratoria se aferró con ambos brazos al lavabo del baño en sus intentos de expectorar antes de desmayarse y colapsar poco después. El documento oficial que elaboraría después en el reporte que firma Selena Barros como investigadora del caso, específica que el cantante, de 66 años de edad, se presentó con tos y flemas a lo que sería su último show en el foro de Inglewood, en California. En la mañana de los hechos, entre las ocho y las nueve horas, el artista seguía con tos, flemas y malestar, se quejó de dificultad para respirar, por lo que pidió a su asistente personal su tanque de oxígeno con la cánula nasal. Sin resultados favorables, certifica que Juan Gabriel colapsó en el baño principal del condominio en Santa Mónica, California, en el que se encontraba, mientras tosía e intentaba expectorar en el lavabo. Se concluyó que el fallecimiento es causado por una parada cardiorrespiratoria derivada de los problemas cardiovasculares de la víctima, que el personal de emergencia no pudo hacer más que declarar su muerte y que no hubo nadie con conocimientos médicos que lo hubiera podido asistir.

El informe toxicológico arroja negativo en todo tipo de sustancias, ni alcohol ni drogas, tan sólo hay un rastro de las píldoras para el insomnio que había ingerido, concretamente 0.30 ug/mL (unidad farmacológica que mide los microgramos de sustancia).

Este es el texto original en inglés de la sinopsis del reporte forense:

MORTUARY S/O. CASE INVOLVES A 66—YR OLD MALE, A WELL—
KNOWN MUSICIAN AND ENTERTAINER, WHO WAS CURRENTLY IN
CA FOR A CONCERT TOUR—STAYING AT A SANTA MÓNICA RENT-
AL CONDO ALONG W/(3) PERSONAL ASSISTANTS. HE PERFORMED
AT INGLEWOOD FORUM ON NIGHT OF 08/26, NOT FEELING WELL

SINCE PERFORMANCE. C/O SOB & COUGHING PHLEGM, SCHED-
ULED TO LEAVE CA ON MORNING OF 08/28/16, DECEDENT WOKE
BET —0800—0900 HRS TO GET READY. DURING THIS TIME, CON-
TINUED TO C/O SOB & COUGHING PHLEGM, REQUESTING ASSIS-
TANT TO SET UP HIS PORTABLE 02 MACHINE—NASAL CANNULA
PLACED. DECEDENT REMAINED IN THE MASTER BATHROOM,
BRACING HIMSELF ON THE SINK W/ BOTH ARMS FOR BALANCE,
AS HE ATTEMTED TO EXPECTORATE INTO SINK. HE COLLAPSED
A SHORT TIME LATER— WITNESSED. W/ EMS PERSONNEL SUM-
MONED, HE WAS PRONOUNCED AT SCENE. NO KNOWN PMD IN
ATTENDANCE. MED HX—HBP, DM, & HIG CHOLESTEROL, W/ H/O
PNA. SOCIAL HX— REPORTED NEGATIVE FOR ETOH, TOBACCO, &
ILLICIT SUBTANCES/S USE. * FAMILY REQUESTED NO AUTOPSY *.

El certificado de defunción definitivo del Condado de Los Ángeles da como causa oficial de la muerte la enfermedad cardiovascular que arrastraba por obstrucción arterioesclerótica de las arterias, citando como antecedentes médicos agravantes la diabetes mellitus, la hipertensión y su historial de neumonía. Fija la hora exacta del deceso como las 11:30 de la mañana del 28 de agosto de 2016 y, como dato adicional, ratifica el testimonio de que jamás se había casado. Debido a que no se realizó la autopsia por expreso deseo de la familia, quedan algunas dudas por resolver.

¿Por qué se detuvo el corazón de Juan Gabriel? La parada cardio-rrespiratoria es la consecuencia final y la muerte clínica como tal, pero ¿la provocó un infarto o fue la asfixia la que provocó el infarto y después el colapso? ¿Por qué no se recoge por ningún lado la presunta broncoaspiración del vómito de la que hablaron testigos presenciales de los hechos? Al realizar este libro tuvimos acceso a esos comentarios, y son en realidad estos testimonios los que llaman la atención. Si así fue, cabe preguntarse qué habría provocado el vómito, si este pudo ser parte de la fase previa de un infarto o pudo todo este cuadro ser provocado por la insuficiencia respiratoria sin necesidad de presentarse una crisis cardiovascular previa tal como sucedió en Las Vegas.

No hay en principio un motivo justificado para obviar esta circunstancia en el informe forense final. Sea cual sea la respuesta, lo cierto es que el corazón del Divo de Juárez se detuvo para siempre, oficialmente a las 11:30 horas de Santa Mónica, Los Ángeles, California, del 28 de agosto de 2016, según certificaría la funcionaria investigadora Selena Barros, de la Oficina del forense.

En una conversación reciente con Ed Winter, en su calidad de asistente del director y portavoz de la Oficina del forense del Condado de Los Ángeles, recordaba que "nos reportaron que estaba inconsciente y que no respondía en una casa en Santa Mónica. Él estaba inconsciente y había tenido problemas para respirar y otras cosas más, y unos asistentes estaban con él y se les desvaneció. Llegaron los paramédicos y lo declararon muerto alrededor de las 11:30 de la mañana, aparentemente fue por causas naturales. Nos contactamos con su familia y nos dijeron que él no había visto a un doctor en los últimos tiempos, que no lo había hecho desde luego en California, solamente en la Florida un año antes y en México también. La familia pidió que no se hiciera la autopsia, pero sí tomamos muestra de su sangre para la prueba de ADN para un futuro por si alguien lo solicita".

Winter confirma que todo el procedimiento que hizo la familia con Iván al frente fue perfectamente legal: "El cuerpo se envió a la funeraria y ahí fuimos a sacarle la sangre y también para confirmar que no hubiera tenido ningún tipo de traumatismo. Tenía 66 años de edad y la familia nos dijo que tenía un pasado médico, también sus asistentes nos dijeron que había tenido problemas de respirar, tenía un aparato para respirar, estaba tomando medicamentos. Todo se nos hizo normal en un caso de muerte natural."

Con sus más de 15 años de experiencia en el cargo, asegura que la ausencia de autopsia es normal: "A veces nos lo piden casi todo el tiempo, otras no, depende de las creencias de las familias, creencias religiosas y muchas veces también depende del médico que examina el cuerpo que nos dice también si hay que hacer o no una autopsia si es que ve algo fuera de lo normal. En este caso concreto el doctor forense que enviamos dijo que estaba todo bien, que sólo se iba a obtener la muestra de sangre para los exámenes toxicológicos y por si algo sucedía posteriormente hacer las pruebas. Si el médico hubiera encontrado un tipo de trauma en el cuerpo le hubiéramos dicho a la familia que teníamos que hacer la autopsia aunque ellos no hubieran querido, ese es el procedimiento. O si por ejemplo, alguien de la familia hubiera dicho que querían la autopsia porque veían algo sospechoso, se hubiera hecho."

La sangre no fue analizada más allá de la prueba toxicológica a la que nos referimos anteriormente. Sólo se hará si hay un requerimiento legal. El abogado de Joao Aguilera solicitó que fuera analizada para corroborar la prueba de ADN de su cliente pero la petición le fue denegada. Estas muestras permanecerán por decreto legal hasta dos años conservadas en la morgue de Los Ángeles antes de su destrucción definitiva. Durante ese plazo, si algún familiar directo o persona autorizada requiriese un análisis de la misma y un juez lo autoriza, se procedería. Allí está bien custodiada, en la misma morgue que acogió en su día a celebridades como Michael Jackson, Whitney Houston, Carrie Fisher o Paul Walker. Aproximadamente 70 celebridades, informa Ed Winter: "Cuando llegan aquí las cuidamos muy bien, las ponemos en cuartos especiales, con seguridad, para que nadie entre y les tome fotos."

19

el féretro está vacío

Iván Aguilera emitió un comunicado, en el que solicitaba respeto y privacidad y expresaba la tristeza del momento:

> *La prematura muerte de mi padre es una trágica pérdida para todos*
> *nosotros, su familia, sus compañeros y sus seguidores. Sabemos que*
> *nuestro padre extrañará entretener a sus incontables seguidores,*
> *quienes le dieron una tremenda alegría en vida.*

Iván es la persona que tiene la potestad de decidir sobre cómo proceder en el protocolo a seguir con los restos mortales de su padre. Es él, junto a su esposa Simona, quien platica con los representantes de la funeraria en las primeras horas de la tarde del lunes 29 de agosto. Los que allí estaban podían de pronto opinar, o recordarle la manifiesta voluntad sobre lo que ellos sabían que su padre quería que se hiciera con el cuerpo una vez que falleciera, pero la última palabra la tendría él.

Alrededor de las 3 de la tarde comparte con los presentes en la sala la decisión de cremar el cadáver y que por ello están en la tarea de buscar un crematorio disponible para que se pueda proceder lo más rápidamente posible. No pasó de hecho mucho tiempo hasta que por fin se encontró un crematorio, por lo que era sólo cuestión de poner en marcha el protocolo y preparar el traslado. Esta decisión sorprendió enormemente a algunas personas. Tanto, que según pudieron saber los autores de este libro, uno de los trabajadores del entorno de Juan Gabriel presente en la sala solicitó una breve conversación con el hijo del artista para comunicarle, con el debido respeto, que el deseo de su padre no era ése, que había manifestado su voluntad de ser incinerado, sí, pero no antes de tres días y no en Estados Unidos, sino en México. Si se procedía a incinerarlo allá en Los Ángeles y a poco más de 24 horas de su muerte obviamente no se podría cumplir tal voluntad. "Reflexiona bien porque si se crema aquí y tan rápido cometerás un grave error, eso no es lo que quería tu papá, yo sólo quiero decírtelo por si de repente no habías caído en cuenta", son las palabras que escuchaba Iván, pero parecía no tenerlas en absoluto en cuenta, y a las que responde con un lacónico y secante: "Con todo respeto también, eso es algo que a usted no le concierne." La conversación quedó zanjada y la polémica no hizo sino comenzar. Un año después, esta decisión todavía es el mayor reproche hacia Iván Aguilera que encontramos en todas las fuentes consultadas. Sólo su esposa Simona secundó y justificó esa decisión cuando se le cuestionó al respecto.

Juan Gabriel, primero que nada, había comentado en más de una ocasión a personas de su completa confianza, y en contextos distendidos, que no le gustaría en absoluto morir en "tierra gringa", como él mismo decía. No le agradaba el pensamiento de expirar en los Estados Unidos, pero lógicamente esto es algo que nada ni nadie hubiera podido controlar y desafortunadamente aun en contra de su deseo la muerte le sobrevino en suelo estadounidense. Otra cosa era el protocolo a seguir una vez muerto. Como más tarde veremos, deseaba que lo cremaran, pero no antes de tres días, sino después de recibir el homenaje de su pueblo y de su gente, y en su tierra natal mexicana. No hacerlo antes de las 72 horas podría estar relacionado con el hecho de que algunos científicos han afirmado que cuando la persona muere, el cerebro tarda hasta 32 horas en desconectar sus últimas neuronas y que las células de la piel aún se dividen durante 24 horas.

La justificación de Iván para tomar la decisión de cremarlo en suelo estadounidense obedece, según sus afirmaciones, a un supuesto cambio de opinión de su padre, que le habría hecho saber su deseo de que nadie pudiera tomar una foto de su cadáver y que esta imagen circulara por las redes sociales. Puesto que este cambio de parecer sólo lo debía conocer él, el proceder de Iván sorprendió a los más allegados, perplejos por la incineración del cuerpo del autor e intérprete de "Mis ojos tristes" a menos de día y medio después del deceso. La decisión tampoco iba a gustar a los fans, al que había sido su leal y devoto público, como lo revelarían más tarde a través de las redes una vez se supo lo que en realidad había pasado.

En estas horas de la tarde del lunes 29 de agosto los que conocen el verdadero proceder de los acontecimientos son muy pocos. Alrededor de las cinco la policía anunció de manera informal a los numerosos medios de comunicación que hacían guardia en la funeraria que los restos mortales del cantante Juan Gabriel serían trasladados al aeropuerto de Los Ángeles para proceder a su repatriación a territorio mexicano. Como es preceptivo, se anuncia por donde va a salir la comitiva y la seguridad dispuesta para ello, a fin de evitar escenas y situaciones de riesgo como las que se produjeron cuando se trasladó el cuerpo desde la casa de Santa Mónica a la funeraria.

La prensa piensa que es lo lógico y se alista para dar seguimiento a la carroza que debe conducir el féretro, una vez en el aeropuerto el trabajo de guardia ininterrumpido durante más de 24 horas se daría por concluido y podrían descansar para pasar el relevo a los compañeros en México que habrían de recibir los restos mortales y cubrir el homenaje que los fans esperan darle de cuerpo presente en su tierra natal. Todo cuadra porque se corre la voz de que era el deseo expreso de Juan Gabriel.

Tal como se había anunciado, la puerta se abre y sale la carroza con el féretro donde supuestamente van los restos mortales del Divo de Juárez. Se producen escenas de enorme emoción por parte de los fans. Tras el carro fúnebre van todos los medios que cubren la noticia formando un largo cortejo fúnebre custodiado por la policía. Desde el aire, un helicóptero perteneciente a la cadena de televisión Univisión, hace el seguimiento de la ruta que va desde la ubicación de la funeraria hasta el aeropuerto internacional LAX de Los Ángeles.

La carroza, una vez en el aeropuerto, se dirige al hangar de la terminal de carga de la compañía Delta. El helicóptero de Univisión logra captar el momento en el que la caja sale de la carroza, la cadena retransmite la escena en vivo: "En estos momentos vemos cómo sale de la carroza el féretro con los restos de Juan Gabriel." Su destino inmediato es un garaje, una sala de almacenamiento en el mismo aeropuerto donde queda depositado. El paso final es trasladarla de allí al avión que la conducirá a México.

Los periodistas californianos creen que su trabajo ya está hecho. Algunos intentan conseguir la imagen del féretro siendo introducido en el avión, pero muy pronto, por razones inesperadas, comprobarán que esa imagen no la tendrán jamás. La caja nunca subirá al avión, pero son muy pocas las personas que en ese momento lo saben. El féretro está vacío. Era muy difícil para cualquiera sospechar que lo que está sucediendo en ese hangar es el paso final de un simulacro. Los restos mortales de Juan Gabriel están en realidad viajando, en esos instantes, a bordo de un carro Lincoln, al que se le han abatido todos los asientos para dar cabida al féretro, desde la funeraria a la ciudad de Anaheim, donde van a ser cremados, sin que nadie se haya dado cuenta. Lo sigue otro vehículo SUV pero en él no viaja nadie de su familia. La operación de despiste a los medios y a los fans fue efectiva para todos excepto para un equipo de *Primer Impacto* que cree reconocer la figura de Iván Aguilera en la segunda camioneta y decide seguirlos. Más adelante esta segunda camioneta logra despistarlos y alejarlos de la primera, que siguió solitaria rumbo al crematorio.

Lo empiezan a cremar alrededor de las 8:45 de la noche del lunes 29 de agosto. No han pasado todavía ni 36 horas. Nadie lo sabe. No hay ningún familiar presente en la cremación, sólo se encuentran el representante de la compañía promotora que lo había contratado y la persona a cargo del transporte y la seguridad del cantante. Las llamas consumen poco a poco aquel cuerpo que tantos recuerdos inolvidables había dejado en millones de fans, aquel cuerpo que sedujo al público y a las cámaras en miles y miles de horas de actuación acumuladas a lo largo de toda su carrera, aquel cuerpo y aquella mente capaces de escribir más de un millar de canciones. Aquel cuerpo de alegres contoneos e interpretación apasionada quedaría reducido a cenizas en cuestión de tres a cuatro horas. Las cenizas del cuerpo de un personaje inmortal.

20

la cremación misteriosa

Iván Aguilera, su esposa Simona, su madre Laura Salas y sus hermanos se van de la funeraria al hotel una vez que todo el montaje del falso cortejo fue hacia el aeropuerto mientras otro carro conduce los restos del cantautor a Anaheim. En el hotel esperarán hasta el día siguiente, martes 30 de agosto. Allí les harán llegar la urna con las cenizas cerca de la medianoche, cuando el proceso está terminado. Las cenizas son transportadas desde Anaheim al hotel e Iván las recibe en una urna dorada, en forma de vasija como legal depositario de las mismas, ya en la primera hora de la madrugada del martes 30 de agosto. El destino inmediato será su residencia en Florida.

El martes la confusión en la opinión pública es absoluta, una de las notas que mejor resumen la situación que se vivía en aquel momento la escribió el corresponsal en California del diario español *El País*, Pablo Ximénez de Sandoval, quien bajo el título de "El misterio Juan Gabriel", narró no sólo el caos informativo que se vivía, sino el sentir de algunas de las personas, todas ellas seguidoras del artista, allí presentes:

El cuerpo de Juan Gabriel fue trasladado este lunes por la tarde al aeropuerto internacional de Los Ángeles desde la funeraria donde descansaba desde el domingo, supuestamente con destino a México, donde se preparan varios homenajes. La ciudad [de los homenajes] y la aerolínea [que lleva el cuerpo] no se conocían en un primer momento. El operativo de traslado agarró por sorpresa a medios y aficionados, que no recibieron en toda la jornada ninguna información sobre los planes de la familia del artista, que ha llevado el duelo y los trámites en la más estricta privacidad. Juan Gabriel fue hallado muerto en la mañana del domingo en una casa en la playa de Santa Mónica.

Las cámaras de Univisión mostraron desde un helicóptero todo el recorrido del coche fúnebre, escoltado por la policía de Los Ángeles, hasta el aeropuerto, a unos 5 kilómetros de la funeraria. La caravana, formada por tres coches, se dirigió a una terminal de carga. El secreto en torno a los preparativos rozó el absurdo en la tarde de este domingo. Mientras todo el mundo podía ver en televisión cómo llegaba el féretro al aeropuerto, la portavoz contratada por la familia aseguraba no tener ninguna información al respecto. El martes por la mañana, aún no había ninguna información sobre el destino de los restos del cantante, ni siquiera sobre su localización.

El traslado se inició a las 17:40 hora de Los Ángeles (19:40 en México) ante la sorpresa de decenas de aficionados y medios. Desde el domingo por la tarde, ni la familia ni sus representantes habían proporcionado información sobre el destino de los restos. La única pista la dieron los policías enviados a vigilar la funeraria, que aseguraron que tenían previsto estar allí "dos o tres días". Los mismos policías informaron inmediatamente a los presentes por la tarde cuando supieron que la comitiva iba a abandonar la casa.

Las personas del entorno de Juan Gabriel encargadas del traslado habían entrado en la funeraria un par de horas antes. A las puertas del lugar se concentraban desde la noche anterior decenas *de personas. Maggie González, abrazada a un ramo de flores, decía que estaba allí "desde el primer minuto", que no había dormido y que había dicho a todos sus conocidos que fueran allí. Cantaban una y otra vez "Amor eterno" mientras esperaban algún tipo de noticia. González, como otros, se quejaba de la falta de información. "Esta funeraria sabía a quién tenía aquí. Para ellos es un privilegio. Ahora que no se quejen de que hay gente en la puerta." Nadie del entorno del artista o de la funeraria salió en todo el día al menos a agradecer las muestras de cariño, se quejaban.*

A su lado, Juana María Muñiz decía que había que hacerle un homenaje en Los Ángeles antes de llevarlo a México. "Que se vea la afición que tenía en este país. Yo lo vi en el Staples Center y no cabía nadie." Velar al cadáver, aunque fuera en la calle bajo el sol, "es el único consuelo que nos queda", decían las señoras. Muñiz opinaba que el cuerpo debía ser llevado a su tierra natal y enterrado junto a su madre.

El martes 30 de agosto, mientras Iván Aguilera, su esposa Simona y el resto de la familia regresan a Florida con la cenizas de Juan Gabriel a bordo, en California se avecina un "terremoto" y no provocado por la falla de San Andrés, sino por un nuevo *tuit* en la cuenta de la coordinadora de Televisa Espectáculos, Mara Castañeda, que acabará con todo el misterio al revelar que lo que en realidad la prensa había cubierto el lunes 29 por la tarde no había sido un cortejo fúnebre sino un montaje más propio de una producción de Hollywood que de la seriedad y la solemnidad que se le debían dar a las horas que se vivieron con Juan Gabriel todavía entonces de cuerpo presente. Ya debía todo el mundo dejar de esperar y de especular en México por dónde, cómo y cuándo llegaría el cuerpo del artista porque éste no iba a llegar jamás. Sencillamente ya no había cuerpo. Este es el corto y escueto epicentro en forma de trino que desata la indignación de los medios de comunicación y de los fans del cantante.

Mara P Castañeda

@MaraCastaneda 30 ago. 2016

A las 20:45 del lunes 29 fueron cremados los restos de Juan Gabriel en Anaheim California. Destino desconocido. Seguiremos informando

El *tuit* convulsiona el medio artístico y los medios del espectáculo. Y es que algunos de ellos ya habían publicado en México que el féretro con los restos había llegado al aeropuerto de Toluca, ilustrando la información incluso con fotos y hasta con videos de una carroza que supuestamente contenía el ataúd con el cadáver del cantante. "El cuerpo de Juan Gabriel ya está en México", se puede leer en el titular de *Noticias Día*, que hasta la fecha de hoy sigue visible en internet, y añaden en el texto que:

> El féretro con los restos mortales de Juan Gabriel arribó al aeropuerto de Toluca, estado de México, en un avión privado procedente de Los Ángeles, Estados Unidos.
>
> Cerca de las 00:00 horas de este martes, el cuerpo embalsamado del "Divo de Juárez" llegó a la capital mexiquense, donde ya lo esperaba un vehículo de una agencia funeraria.
>
> Luego de la llegada del cuerpo de Juan Gabriel a México este sería trasladado hacia la Ciudad de México para el homenaje que se tiene previsto realizarle este mismo martes al músico michoacano en el Palacio de Bellas Artes.
>
> Juan Gabriel falleció la mañana de este domingo a causa de un infarto en su departamento de Santa Mónica, California, estado que visitó como parte de una gira internacional.

Obviamente al descubrirse todo el montaje organizado por la familia, una mezcla de incredulidad, indignación y perplejidad corre por las redes sociales y los foros televisivos y radiofónicos. Se habla de circo organizado por la familia, de cremación misteriosa, incluso hay quien se llega a preguntar si están en subasta los restos del artista. No se habla de otra cosa, y se piden explicaciones a la policía de Los Ángeles, quien se desdice de su anuncio del día anterior, hecho que aumenta la perplejidad de muchos periodistas, entre ellos Juan Manuel Navarro, uno de los autores de este libro, cuya declaración coincide con todo cuanto contó para Televisa Espectáculos. Cabe recordar que este veterano reportero afincado en Los Ángeles, no sólo había dado la exclusiva en Las Vegas dos años antes de su internamiento en un hospital, sino que fue el primero en llegar al complejo Blü Santa Monica tras la muerte, tomando fotos en las que apenas se ve un carro de policía en esos momentos, y que tuvo que permanecer 33 horas sin dormir, en guardia, hasta el martes 30 de agosto.

"Lo que nos llamó mucho la atención fue que ellos negaron lo que habían dicho el día anterior, y no tiene ningún sentido, a mí nadie me lo contó, yo estaba ahí, yo escuché personalmente el anuncio de los policías de que la carroza iba a salir por donde efectivamente salió y que en ella iba el cuerpo de Juan Gabriel camino del aeropuerto. Además qué otro cuerpo iba a ir si según nos dijeron solamente estaba el del cantante allí. ¿O es que los engañó la familia a ellos también y creían que estaban escoltando el cuerpo? No creo."

Las palabras de Juan Manuel son ciertas, existe un audio donde se escucha a un portavoz de la policía de Los Ángeles dirigirse a la prensa allí concentrada. Lo hace en un español correcto con un marcado acento estadounidense. Asegura que no puede revelar la identidad de los familiares que allí están reunidos, pero que en nombre de ellos les hace llegar el mensaje de que respeten su intimidad, al tiempo que anuncia que un carro saldría con el cuerpo y les pide a los periodistas que por favor no lo sigan.

"El plan es ir al aeropuerto, todavía no se sabe en qué aerolínea van a salir pero el plan es que vaya al aeropuerto", dice textualmente el citado portavoz. "La policía salía de vez en cuando a atender a los medios para que la gente, los fans, se calmaran un poco. Recuerdo que todo el mundo estaba muy enojado con el hecho de que nadie de la familia salía ni siquiera a darles las gracias, no había ningún tipo de información y sí mucho hermetismo, y eso les molestaba", concluye Juan Manuel.

A efectos de este libro, transcurrido el primer año de los acontecimientos, y enfocado desde un prisma objetivo, sigue siendo difícil entender por qué actuaron así y por qué se manejó tan mal la comunicación, por qué planearon ese montaje y esa estrategia de despiste. Más difícil todavía resulta justificar la presunta colaboración de un Cuerpo de policía tan serio como el estadounidense para organizar el falso traslado. No hemos leído ni escuchado una sola declaración coherente que justifique lo que sucedió aquel lunes 29 de agosto, en el que mientras la prensa andaba detrás de un señuelo en forma de féretro vacío, la caja con los restos de Juan Gabriel iban hacia otro lado para ser incinerados. Eso no hizo sino alimentar las especulaciones y la versión de que se tomó una decisión que no correspondía al deseo expreso del cantante, de que se trasladara su cuerpo a México para ser velado por sus fans, en su tierra, antes de ser incinerado. De otro modo, si la decisión obedecía a la versión de la familia de que no le tomaran fotos al cadáver se hubiera podido dar un comunicado con toda naturalidad aduciendo que esa era la última voluntad manifestada que ellos conocían, nadie lo hubiera cuestionado, la controversia se generó precisamente por el misterio que provocó el hermetismo.

Otro de los reporteros que escribió acerca del circo que generó el manejo del protocolo post mortem fue Tommy Calle en el *Hoy* de Los Ángeles, quien cita en su artículo a Mara Castañeda y al propio Juan Manuel Navarro:

(...) Cuando todos se estaban preguntando cuándo y dónde se haría el homenaje en cuerpo presente, surgió la decepcionante noticia de que los restos habían sido cremados.

Esta noticia fue tomada con repudio, dolor y decepción por la fanaticada que anhelaba darle el último adiós del mejor modo. Sin embargo, hay quienes señalaron que Alberto Aguilera Valadez había pedido alguna vez en vida a sus hijos que, una vez que muriera, sus restos fueran cremados. Esto fue tomado literalmente por uno de sus hijos, mientras que otros querían, al parecer, que se le rindieran los homenajes antes de ser cremado. En su cuenta oficial de Twitter, la periodista de espectáculos de Televisa, Mara Patricia Castañeda, fue la primera en dar a conocer que, pese a la petición del público, los hijos del cantautor decidieron cremar su cuerpo en Anaheim, California, lugar al que fue trasladado después de permanecer en una funeraria tras su repentina muerte a causa de un infarto en su residencia de Santa Mónica.

(...) Lo indignante de toda esta situación fue ver cómo burlaron a los medios y sus propios fans cuando armaron semejante despliegue en el que dejaron partir una carroza fúnebre con destino al aeropuerto de Los Ángeles para desviar la atención de los interesados. "A las afueras de la funeraria, un miembro de la policía nos dijo que en unos momentos saldría la carroza con el cuerpo de Juan Gabriel hacia el aeropuerto y es por eso que seguimos la carroza, aunque no nos supieron explicar si sería llevado a México o no, pues eso era decisión de la familia", nos comentó Juan Manuel Navarro, reportero de Televisa Espectáculos en esta ciudad desde hace 16 años y conocido por ser el que dio la exclusiva de la hospitalización de Juan Gabriel en Las Vegas hace un par de años.

Minutos más tarde, otros dos vehículos, incluida una carroza fúnebre, partieron hacia el Condado de Orange, lo cual llamó la atención del equipo de televisión de la cadena Univisión, que tenía tres unidades, incluido el helicóptero Águila Uno. En una de las intersecciones, se pudo apreciar que en uno de los vehículos con destino a Anaheim viajaba Iván Aguilera, el hijo de Juan Gabriel, quien al percatarse de que los estaban siguiendo, detuvo la camioneta para obstaculizar el paso de los periodistas; pero estos lograron pasar, aunque fue inútil, ya que terminaron por perder de vista a la carroza fúnebre que llevaba el cuerpo, finalmente cremado en Anaheim.

Los hechos así sucedieron y la indignación y la perplejidad se apoderaron de los fans y también del hijo primogénito de Juan Gabriel, Alberto Aguilera Jr., quien, como ya supimos, dijo abiertamente a la prensa, provocando enardecer más el ambiente, que estaba en desacuerdo con que su padre hubiera sido cremado por decisión de su hermano y que lamentaba no haber sido avisado sobre los planes que se tenían para los restos de su padre: "Yo no estuve de acuerdo, no me avisaron a qué hora ni cuando", repetirá días después en una situación que escenificaría el distanciamiento con el clan de la familia Aguilera Salas. Acudió al Palacio de Bellas Artes para participar en el homenaje de cenizas presente que allí se le rindió. No lo dejaron pasar. Tuvo que esperar dos horas y media y gracias a la presión mediática logró ingresar al recinto, pues ni Iván Aguilera ni Jesús Salas, hermano de Laura Salas, habían autorizado su entrada.

Pero sin lugar a dudas, los más indignados de todos fueron los devotos seguidores del cantante, que no tuvieron reparos en hacer pública su discrepancia, desacuerdo, incluso rabia por la manera de proceder de la familia. Con palabras a veces muy subidas de tono en las redes sociales, el mensaje principal era la recriminación por el hermetismo con el que se había manejado todo el protocolo post mortem del Divo de Juárez, y sobre todo la decisión de cremar el cuerpo tan pronto, pues prácticamente de modo unánime los cientos de miles de fans que se pronunciaron públicamente consideraban que Juan Gabriel, un ídolo de la música, merecía tener un homenaje de cuerpo presente en México. Hubo algunos casos como el de Guadalupe, que se desplazó desde Texas a California pensando que les permitirían una despedida de cuerpo presente en Los Ángeles antes de trasladarlo a México, que lloraba desconsolada de la impotencia, buscando en el micrófono de Juan Manuel Navarro un hombro de consuelo: "No han entendido que Juan Gabriel no les pertenecía, nos pertenecía a nosotros, a su público, a su gente, y nunca voy a aceptar, sabiendo como él era con sus fans, que él estuviera de acuerdo con todo lo que ha sucedido, allá en el cielo debe estar derramando lágrimas, no le vamos a perdonar a la familia lo que ha hecho, él no se lo merecía, él era amor, él era anhelos de abrazos y de muestras de cariño, y le han privado a miles de personas que le pudieran dar el último gesto de amor y de admiración." Esperamos que Guadalupe, así como la gran cantidad de seguidores que aplaudieron y compartieron esas palabras, hayan cambiado de idea al menos respecto al hecho de perdonar, máxime ahora que han sabido que su ídolo estaba dedicado en cuerpo y alma a ese sano ejercicio en el momento de partir.

Las cenizas fueron transportadas hasta la Aguilera Residence en Miami, y ahí permanecieron hasta emprender el recorrido de homenajes en Ciudad Juárez y el Palacio de Bellas Artes. Al día de hoy existe en torno a su paradero un absoluto misterio, después de que se anunciara que iban a reposar para siempre en la casa de la calle 16 de septiembre de la capital de Chihuahua. Dado que los hechos son ya irreversibles, a los millones de fans que reclamaban despedirse de cuerpo presente de su ídolo no les cabe más consuelo que el mismo que nos expresaron dos de los más íntimos allegados a Alberto: primero perdonar, creer a Iván e interiorizar la posibilidad de que Juan Gabriel hubiera cambiado de opinión respecto al protocolo a seguir con sus restos; segundo recibir las dos hermosas palabras que él juntó con ese corazón de poeta que tenía con la intención de plasmarlas en una canción autobiográfica, que nunca pudo llegar a concluirse: adiós eterno.

Epílogo

¿Qué mató a Juan gabriel?

El epílogo de esta obra no puede redactarse sino con esos signos de interrogación. No hay lugar para preguntas como por ejemplo la que debatía si en realidad estaba muerto o no. Este libro ayuda a esclarecer muchas cosas y ésta es una de ellas, afirmamos rotundamente que no hubo ningún tipo de montaje en torno a la muerte del artista, incluso describimos, como pudieron leer, la macabra escena cuando un testigo ve con sus propios ojos cómo la cabeza del cadáver se sale de la camilla improvisada que usaron para bajarlo de la recámara.

La otra cuestión sí amerita el encabezamiento del epílogo. ¿Qué mató a Juan Gabriel? El primer matiz de la cuestión, el que alude a qué fue lo que hizo que su corazón se detuviera, ya lo hemos abordado cuando repasamos las circunstancias e informes forenses sobre la causa real de la muerte. La tesis oficial del infarto de miocardio, con los antecedentes médicos del paciente, antecedente de infarto, cateterismo por obstrucción de arterias, neumonía, hipertensión arterial, diabetes mellitus y colesterol alto entre otros, es algo que a nadie le suscitaría en principio cuestión alguna sobre la causa del deceso, otra cosa es, como ya vimos, por qué no aparece en el reporte del forense la presunta asfixia por broncoaspiración con su propio vómito. Aparentemente no tendría mayor relevancia el incidir si el paro cardíaco que acabó con su vida lo causó la obstrucción de una arteria o el ahogamiento por neumonitis, pero sí llama la atención que mientras testigos presentes en la escena hablaron en privado de ver cómo sucedía lo segundo, en los documentos oficiales sólo conste como motivo de la muerte lo primero, causa que el propio Gilberto Andrade señaló públicamente en Radio Fórmula, donde dijo "todo fue muy rápido, fue algo repentino", y habló de "infarto fulminante", misma versión que presuntamente le dio a un amigo suyo veracruzano que responde al nombre de Toño Camacho, quien aseguró que Andrade le había confesado que le había "sobrevenido un infarto" mientras intentaban aliviarle la tos. La Oficina del forense de Los Ángeles también se quedó con esa versión: "Obtuvimos su historial médico de la familia y doctores. Tuvimos acceso a su historial de problemas cardíacos y determinamos que murió de causas naturales debido a sus problemas del corazón", declaraba Ed Winter. Iván Aguilera no quiso contestar a ese tipo de preguntas cuando fue entrevistado en exclusiva por el conocido periodista Raúl de Molina y tampoco pudimos preguntarle sobre estas y otras cuestiones al dejar de responder a nuestra solicitud.

Creemos que lo que mató a Juan Gabriel fue un cúmulo de fatales circunstancias que por desgracia convergieron en aquel último domingo de agosto del 2016, cuando casualmente se cumplían 45 años exactos de su lanzamiento como artista. Un número redondo, de hecho él celebró con una gira especial los 35, posiblemente por la importancia cabalística que el autor e intérprete de "Hasta que te conocí" daba a los números, principalmente al 7 y a los múltiplos de 7, como era el 35. Pero volviendo a ese cúmulo de circunstancias, no cabe sino deducir que había llegado la hora en la que su alma se debía desprender de su maltrecho cuerpo camino al reencuentro que tanto anhelaba en la letra de "Amor eterno".

¿Qué circunstancias de aquel día hubieran podido evitar el fatal desenlace? Es difícil asegurarlo con rotundidad, ninguna de las fuentes médicas consultadas lo hizo. Lo que está claro es que su terquedad fue el primer obstáculo. Juan Gabriel no quería ver un médico de cerca bajo ninguna circunstancia. Le aterraba la idea de ser ingresado nuevamente en un hospital, él mismo habló del calvario que supuso su convalecencia en Las Vegas, como lo relatamos en este libro. Se refugiaba en sus hábitos naturistas pero se descuidaba con otros no tan saludables que mermaban su vitalidad sin que ello le preocupara. A pesar de percances tan serios como el que sufrió horas antes del último show, prefirió continuar, negarse a sí mismo la realidad y no requerir servicios médicos. Fue el último daño que la arrogancia de Juan Gabriel le hizo al maltrecho cuerpo de Alberto. Gilberto Andrade reveló que había accedido a que lo viera un doctor en El Paso, justo el día que murió, hecho que confirmó también Natalia Baeza, sin embargo había desoído continuamente los consejos que se le daban para que se sometiera a un nuevo cateterismo para limpiar sus arterias, ya que presentaba más y peligrosas obstrucciones, no había bastado con el que se realizó en Las Vegas en 2014. Él se negaba sistemáticamente.

Ni mucho menos estaba en sus planes añadir a su *staff* a un médico, como muchas veces le reclamaban y como recordaba su asistente Sonia entre gritos de dolor el día de su muerte. Pretendía incluso aparentar estar mejor de lo que en realidad estaba para que nadie le incordiara con la idea de que lo viera un médico. Por eso Guillermo Rosas dice que la noche anterior a su muerte lo vio bien, por eso el propio Gilberto Andrade, uno de los que vivió los hechos en primera persona, declaró también en Radio Fórmula: "Él estaba bien, acabábamos de trabajar el viernes, el miércoles grabamos un vídeo con Patti Austin, la noche previa estábamos hablando de trabajo, de la gira en Sudamérica. Él se cuidaba mucho en su alimentación, tenía diabetes pero tomaba su medicamento, podía hacer seis horas de espectáculo, una persona que está enferma no te rinde así en el escenario."

A pesar de esa visión emotiva de Gilberto Andrade en esos momentos, más parecida a lo que el propio artista quería proyectar, la verdad es que sí estaba enfermo, y bastante, como hemos podido leer en testimonios de personas muy allegadas, a los que hay que sumar el de la periodista Idalia Barrera: "Él no estaba bien. Hace unos ocho años se rumoró que tenia cáncer y que lo estaban tratando pero él me lo negó. Sin embargo, veía que conforme pasaban los años estaba muy mal, se veía enfermo, cansado. Era muy hermético y no hablaba de eso, pero era evidente que estaba mal, su mero aspecto lo delataba."

Si él se hubiera prestado a un seguimiento médico más estrecho es muy probable que se hubiera evitado la muerte súbita de aquel día. Una de dos, o se hubiera evitado o al menos hubiera tenido personas capacitadas para reaccionar, identificar los síntomas y pedir ayuda a tiempo, una persona capacitada para dar primeros auxilios en el comienzo de la crisis. Esa es también otra de las fatales circunstancias que convergieron aquella mañana, ni Gilberto Andrade ni Efraín Martínez, mucho menos su asistente Sonia, tenían esos conocimientos. De haberlos tenido, en primer lugar, no habrían esperado los síntomas más severos, habrían desoído la voz del señor e inmediatamente habrían pedido ayuda: en segundo, habrían aplicado primeros auxilios eficaces. No se entienda en ningún momento lo anterior como un intento de culpabilizar a ninguna de estas personas, no es en absoluto nuestra intención, de hecho sabemos que no era obligación de ninguno de ellos saber primeros auxilios ni estar preparados para reaccionar ante una emergencia de ese calibre, por tanto, no debe recaer sobre ellos responsabilidad alguna en lo que sucedió.

Ahí es donde volvemos al punto de partida, a la tesis de que si hay un responsable de su propio destino es el propio protagonista. En cuyo caso sería bueno matizar la pregunta: ¿Qué mató a Alberto?

Regresando a las reflexiones que ya hicimos en algún pasaje de la lectura, podríamos preguntarnos: ¿Mató Juan Gabriel a Alberto? Ahora en la parte final, esta pregunta se entiende mucho mejor. Nosotros como autores nos inclinamos más por esta tesis y descartamos desde luego cualquier otra que sostenga o insinúe una teoría de la conspiración.

El portavoz de la Oficina del forense del Condado de Los Ángeles, Ed Winter, fue taxativo al respecto: "Desde mi punto de vista no hay nada sospechoso en esta muerte a menos que alguien venga con algún claro indicio, prueba u orden judicial sugiriendo que hay algo raro, nosotros aún tenemos las muestras de su sangre para corroborar lo que quieran, pero si me pregunta, no; creo que fue un caso más de una muerte natural común. Respecto al hecho de haberlo cremado tan pronto estaban en su derecho, por nuestra experiencia hemos visto que eso siempre depende de la familia, algunas familias esperan una o dos semanas para ver qué hacer con el cuerpo y otras las hacen muy rápido, en un día, dependiendo muchas veces de las creencias religiosas o en algunos casos de cuestiones de logística, si son extranjeros."

Queremos concluir este punto con una frase textual de alguien muy próximo a él que conocía todos los detalles a la perfección: "La única forma que le podías hacer un trabajo a él con doctores era si lo tenias sedado porque voluntariamente no lo iba a permitir, era anti doctores. La culpa de lo que le pasó es de él, si él hubiera querido estar con nosotros hoy día él hubiera estado con nosotros."

Fue la terquedad de Juan Gabriel la que acabó con la vida de Alberto Aguilera.

● ● ●

Las decisiones que se tomaron sobre el protocolo post mortem generaron muchas críticas y dejaron también algunas interrogantes. Como ya dijimos, creemos que en buena parte las críticas se originaron por la falta de un buen manejo de la Comunicación en el seno de los Aguilera Salas. Sin cuestionar el fondo y las intenciones del heredero universal de Juan Gabriel, es más que obvio que las formas no fueron las adecuadas, lo cual, a su vez, da pie a levantar sospechas y bulos sobre el fondo. Un buen asesoramiento en aquellos momentos hubiera evitado el nerviosismo y la convulsión que crearon en la opinión pública, en muchos de los episodios perfectamente evitables. No habría sido mala idea contar con los servicios de un buen Director de comunicación. Ese mismo asesor tal vez hubiera podido aconsejar a Iván Aguilera y su esposa Simona Aguilera para que reaccionaran de manera distinta a como lo han hecho ante quienes, según ellos sostienen, sí alimentan, no una teoría de la conspiración, pero sí una corriente de opinión desfavorable hacia ellos al señalarlos, principalmente a Iván, como responsables involuntarios de la muerte de Alberto Aguilera. Entienden que eso es una difamación y por ello cursaron sendas demandas en mayo de 2017 contra las dos principales cadenas de televisión de habla hispana en Estados Unidos, Univisión y Telemundo, así como contra el periodista Borja Voces y Alberto Gómez, este último psicólogo y amigo de Juan Gabriel, quien a través de su cuenta de Facebook aireó comentarios que los demandantes estiman difamatorios.

¿Cuál fue realmente la voluntad del Divo de Juárez respecto a lo que habría que hacer cuando muriera? Lo que está claro es que no dejó nada explícitamente escrito al respecto. Presagiaba inconscientemente su muerte, como hemos podido ver a lo largo de la lectura, había arreglado y atado algunas cosas, pero no le alcanzó para ser lo suficientemente concreto para haber reflejado en algún documento incontestable los pasos correctos a seguir. Sólo comentarios, no más, y algunos de ellos, que estimamos verídicos por la fiabilidad de las fuentes, son los que aclaran en la medida de lo posible lo sucedido y contradicen la versión de la familia.

Iván sabía que su padre no quería que se hiciera un "circo" con los funerales, palabra entrecomillada por ser citada textualmente varias veces por gente muy allegada. No le gustó lo que había sucedido con Michael Jackson y era el ejemplo que ponía a su familia. Iván sabía que su padre no quería que jamás circulara una foto de su cadáver, que la gente debería recordarlo risueño y feliz arriba de un escenario. Esto justifica también su celo por recoger los teléfonos celulares a los colaboradores presentes en la casa de Santa Mónica el día de los hechos. Uno de sus grandes amigos, el piloto Danny Lewkowicz, lo corrobora: "Él no quería que se hiciera un circo por su muerte, tenerlo como adorno para que venga la gente y lo vea, eso no, él no quería eso. Ahí actuó Iván respetando lo que su padre quería, lo único que no respetó, porque a lo mejor ni lo sabía, era lo de los tres días, Alberto quería que pasaran por los menos tres días antes de que lo cremaran y me molestó mucho que no se respetara eso. Si hubiera pensado conscientemente que llegaba el momento que se iba a morir creo que hubiera tenido esa plática con Iván y le hubiera dado instrucciones concretas."

Lewkowicz sí habló varias veces sobre la muerte con su socio y amigo. Lo hizo porque precisamente sufrió la pérdida de su madre tras una larga enfermedad, hecho que le permitió conversar con ella respecto a su voluntad: "Sí sé lo que pensaba Alberto porque lo hablamos varias veces, ese tema de la muerte, a raíz de lo de mi madre. Él me decía, *Danny yo quiero igual que tu mami*. Esto es lo que sucedió con mi madre: Yo no quería que la cremaran, ella me decía que si la enterraba que no fuera en caja, solamente con una toalla, pero eso sí era muy difícil por las leyes, entonces ella me decía que para no hacerme ese prejuicio entonces la cremara pero al tercer día, no antes de al menos tres días. Esa conversación la tuve con Alberto por lo menos cinco veces y me decía que él quería *idénticamente a tu madre*, me decía, pero no tuvo esa oportunidad, le vino y se murió. Es probable que Iván no lo supiera porque no estaba con su padre en el día a día. El caso es que ya no está y sí lo extraño, claro que lo extraño, estuve más cerca con él que con mi familia. Alberto era como mi hermano, sí me afectó mucho y a veces no escucho canciones porque me acuerdo mucho de él, sobre todo cuando en una de esas canciones las estaba cantando y él me miraba como que me estaba mandando un mensaje directo, es difícil. Perdí un gran amigo, estoy muy dolido hasta el día de hoy, es difícil creer que ya no está porque estábamos muy cerca, no había un día que no tuviera un correo electrónico suyo. Y respecto a lo que está sucediendo hoy con las peleas, pienso que él debe estar contento de estar muerto y no estar viendo todas estas locuras."

Gigi Viera recordaba que en algún momento él le reconoció su deseo de ser cremado: "Sí, me mencionó que quería ser cremado pero no así como se hizo, con toda esa prisa, no sé por qué se hizo así, porque la relación con sus hijos no era mala y tampoco con su mujer; la señora Laura es una mujer muy religiosa que creo yo se hubiera opuesto si hubiera visto algo que no era así." Gigi confiesa que se sorprendió mucho porque esperaba que lo llevaran de cuerpo presente a México para que la gente pudiera dar un último adiós: "Yo misma, como amiga, así lo esperaba, me sorprendió y no me gustó que lo quemaran tan rápido, he hablado con Laura después pero no hemos conversado de esto, porque eso fue cosa de su hijo y ella tal vez ni sepa, me gustaría pensar que fue un deseo de Alberto que yo no conocía pero se me hace muy raro."

Pablo Castro también cree que los homenajes debieron ser de cuerpo presente aunque no se hubiera mostrado el cadáver: "Hubieran debido tenerlo de cuerpo presente para que la gente se despidiera de él. A mí me hubiera gustado también, la muerte sí me sorprendió, no creí que fuera a pasar tan pronto. Curiosamente vi su último concierto por vídeo a través de las redes sociales y no sé por qué me dio por pensar cómo sería el día que él faltara y cómo afectaría al mundo de habla hispana. Mira que a los dos días me entero de lo que pasó, sentí que se me caía el cielo encima, quedé en shock. Lo que pasó después, que lo cremaran tan rápido, se me hizo raro. A él le hubiera gustado que su gente le diera un último adiós de cuerpo presente así no lo mostraran. Él miraba mucho por su gente, tanto era así, que puedo revelar que unos empresarios le propusieron tener su imagen en las maquinitas de Las Vegas y él dijo que no, que porque eso sería quitarle dinero a sus fans, a sus paisanos, que sus fans al ver la máquina iban a jugar e iban a perder su dinerito y eso no le gustaba, hasta tal punto los consentía. No tengo duda tal y como era él, que todo esto que está pasando con las demandas no le hubiera gustado nada. Él no hubiera querido esto y es muy lamentable todo lo que está pasando con los hijos y con la herencia. Deberían llegar a un acuerdo para que Juan Gabriel descanse en paz."

Ada Marín recordaba que la última vez que lo vio fue en Tijuana con su hermano Pablo: "Me hubiera gustado despedirme de él de cuerpo presente." Su amigo Paco Fernández es el único que le resta importancia al hecho de que sus fans no pudieran darle un último adiós de cuerpo presente: "Yo respeto todas las opiniones, pero si lo dio todo en vida, ¿para qué lo querían ver muerto? Él se entregó en vida, pasará mucho tiempo para ver un artista que se entregue en el escenario igual que lo hacía Juan Gabriel."

Sobre los hijos que han ido apareciendo a él no le ha sorprendido en el sentido de que ya sabía de la existencia de estos hijos, pero sí le molesta que no se haya respetado su voluntad de mantenerse en el anonimato: "Era su vida y tenía todo el derecho a decidir sobre la privacidad de su vida y a que se respetara, acordémonos de una frase célebre de Benito Juárez en este sentido: *Entre los individuos, como entre las naciones, el respeto al derecho ajeno es la paz.* Prefiere no opinar sobre el espectáculo mediático y judicial que se está dando por la batalla legal emprendida por los hijos biológicos por la herencia: "Lo único que puedo decir es que Alberto era paz y era amor, y esto es guerra, por tanto no le puede gustar."

Las cenizas de Juan Gabriel, errantes desde el día de la incineración hasta un año después de la misma, esperan un lugar de reposo definitivo. Buena parte de sus allegados, así como las gentes de Parácuaro, insisten en que el deseo de su hijo predilecto era que reposaran en la citada localidad michoacana en un mausoleo junto a su madre y demás familia. Entre ellos el presidente municipal de Parácuaro, Noé Zamora.

Idalia Barrera comparte esa versión: "En diversas ocasiones me comentó que cuando muriera a él le gustaría que sus restos los depositaran donde está su mamá. Él quería despedirse de su gente, de su público, y no que lo cremaran en Estados Unidos y que trajeran sus cenizas, esa no era su voluntad. Todo se me hace muy sospechoso porque a él le importaban mucho sus fans, amaba Bellas Artes, lugar donde batalló mucho por entrar, porque decía que su música era popular y batalló para presentarse ahí.

Estoy muy enojada por eso, porque no fue su deseo el que lo incineraran en Estados Unidos."

Esta versión parece más humana y verosímil que la que manifestó el controvertido Jesús Salas, exrepresentante y cuñado, quien dijo a los periodistas que la voluntad del artista era que sus cenizas fueran colocadas en la chimenea de la propiedad que tiene en la calle 16 de Septiembre de Ciudad Juárez y en la que su mamá trabajó como doméstica. Dijo textualmente que "Juan Gabriel se queda en Ciudad Juárez porque él quería quedarse aquí". Él mismo portaba la urna cuando ésta regresó de Ciudad de México y fue captado por las cámaras introduciéndola en la casa de Juárez, momento en que las exhibió ante los periodistas alzándola como si fuera un trofeo, hecho que molestó a muchas personas.

Gabo, a quien solicitamos su opinión al respecto, desmiente a Salas: "Mis pláticas con Alberto fueron recientes. No creo que me mintiera. Iván hizo el recorrido que su papá quería pero no con el cuerpo, sino con las cenizas. A mí lo que me consta es que quería que sus restos fueran homenajeados en Ciudad Juárez, en el Palacio de Bellas Artes y por último en Parácuaro, donde lo hubieran incinerado y depositado las cenizas en el mausoleo con la familia. Se hubiera quedado junto a su mamá mientras se le hacía el mausoleo, para trasladar luego ahí a todo el resto de su familia carnal. Que yo sepa las cenizas no las han llevado a Parácuaro, no creo que el señor Jesús Salas deba ser un portavoz autorizado de la familia ni el portador de la urna, Alberto no lo quería. No entiendo, además, cómo puede dar una versión diferente a lo que todo el mundo allá en Parácuaro sabe, una sobrina suya también lo dijo muy claro, que su tío le había dicho que si llegaba a morir su cuerpo fuera presentado ante su gente en Ciudad Juárez, luego presentado en la Ciudad de México y después fuera llevado a Parácuaro y luego de eso ser incinerado para quedar en un mausoleo junto a su madre, no hay más verdad que esa y desconozco los motivos reales por los que no se quiere cumplir, al menos no hasta ahora. Tampoco entiendo la justificación que dieron Iván y Simona hablando de que no le había gustado lo que había pasado con Michael Jackson y no quería que a su cadáver se le tomaran fotos que luego circularan con morbo en las redes. Para mí no justifica lo que hicieron, pues no había necesidad de mostrar el cadáver, hubieran exhibido sólo el féretro con una foto bien bonita de él, simbólicamente para su gente es muy distinto desfilar ante un féretro que hacerlo ante una urna, porque el féretro es un cuerpo presente", concluye.

Pedimos al que fue su último confesor unas palabras finales en la víspera del primer aniversario de la muerte: "Que Dios lo tenga en su gloria, porque a pesar de todo lo que hacía y decía él creía en Dios, hace años había dicho creer en Dios como en él mismo, textualmente, y estaba intentando volver a acercarse a Él. Se fue sin resolver todas sus asignaturas pendientes, pero la decisión de hacerlo estaba tomada y para mí es como si lo hubiera hecho, la intención era verdadera y sincera, espero que a las personas afectadas les reconforte saberlo y también sepan perdonar como él lo hizo. Esa lista que escribió aquel día es posible que no esté completa, si hay alguien que al leerla sienta que falta, no dude que la intención de Alberto era extensible a ese alguien también, estoy seguro que de habernos vuelto a ver, la lista del perdón se habría aumentado y completado."

Sus cenizas pueden estar en cualquier lugar del mundo, pero Juan Gabriel se quedará por siempre en todos los corazones de millones de personas que vibraron, vibran y vibrarán de emoción con su música, con las canciones que hizo y con la imaginación respecto a la única que se quedó pendiente de hacer, la del agradecimiento eterno: ¡El adiós eterno!

Sobre los autores

Javier León Herrera

@javierleonherrera

Es autor y periodista español afincado en Colombia, con larga trayectoria en medios escritos y audiovisuales. Tiene diez libros publicados, entre ellos, *Luis Mi Rey* (base de la serie televisiva sobre la vida de Luis Miguel), la biografía de Andrés García, de Hombres G, *El Tigre de Dios* (vida del futbolista internacional colombiano, Radamel Falcao) y la novela *La Bella y el Narco*, estos últimos publicados por Penguin Random House, bajo el sello Grijalbo.

Juan Manuel Navarro Salinas

@juannavasal

Nació en Ciudad Valles, San Luis Potosí; posee una trayectoria de 26 años en periodismo de espectáculos. Empezó en *El Norte*, siguió en *El Universal*, *La Opinión* y *Hoy*. Ha colaborado en *Caras, Vanidades, Eres, Tv y Novelas, Tele-Guía, Esmas.com, Quién, Hola!* y *The Grosby Group*. Es corresponsal de Televisa Espectáculos en Los Ángeles desde hace 17 años, con más de 500 entrevistas a celebridades. Colaboró en *Luis Mi Rey*. Es productor independiente para Univisión y creador del programa de radio *Reporte Hollywood* y web *reportehollywood.com*. Es su primer libro en calidad de coautor.

Adiós eterno de Javier León Herrera y Juan Manuel Navarro
se terminó de imprimir en diciembre de 2017
en los talleres de
Impresora Tauro S.A. de C.V.
Av. Plutarco Elías Calles 396, col. Los Reyes,
Ciudad de México